Jack Trout

Der Geist und das Greenhorn

Jack Trout

Der Geist und das Greenhorn

Die wundersame Verwandlung vom Erbsenzähler zum Marketing-Genie

Aus dem Amerikanischen
übersetzt von Almuth Braun

REDLINE WIRTSCHAFT
bei verlag moderne industrie

Bibliografische Information Der Deutschen Bibliothek
Die Deutsche Bibliothek verzeichnet diese Publikation in der
Deutschen Nationalbibliografie; detaillierte bibliografische
Daten sind im Internet über http://dnb.ddb.de abrufbar.

Umschlaggestaltung: Grafikhaus Schlotterer, München
Satz: D. Ott, redline wirtschaft
Druck und Bindearbeiten: Himmer, Augsburg
Printed in Germany 25480/030203
ISBN 3-478-25480-9

Inhaltsverzeichnis

Die Story hinter der Geschichte

Ich bin schon so viele Jahre im Marketing tätig, dass ich sie nicht mehr zählen kann. Im Verlauf der Jahrzehnte habe ich alle erdenklichen Unternehmen beraten – von Computerfirmen bis zu Sargfabrikanten repräsentierten sie alle Branchen, die man sich nur vorstellen kann. Darüber hinaus habe ich auf der ganzen Welt Vorträge gehalten und dabei ist mir aufgefallen, dass Manager unabhängig von ihrem sonstigen Wissen stets dieselben Fragen über Marketing stellen. Diese wiederkehrenden Fragen zusammen mit den in der Öffentlichkeit breit diskutierten Marketingproblemen, mit denen viele Unternehmen kämpfen, haben mich dazu veranlasst, eine Antwort zu wagen auf die – wie ich meine – wichtigsten Fragen, die man über die Vermarktung von Produkten und Dienstleistungen stellen kann. Insbesondere wenn man gerade die Unternehmensspitze erklommen hat und sich noch nie zuvor mit Marketing auseinander gesetzt hat.

Wenn Sie lange, komplexe Antworten auf grundlegende Fragen erwarten, ist dieses Buch sicher nichts für Sie. Wenn Sie jedoch ein Buch zum Nachschlagen mit knappen, leicht verständlichen Erklärungen zu den zentralen Fragen des Marketing wollen, dann ist dies genau die richtige Lektüre. Es ist ein unkompliziertes Buch, eine Art Management Summary, das Sie immer wieder konsultieren können, wenn Sie bei einem Marketingproblem nicht weiterkommen. Natürlich werden Sie einige der Antworten auch in vielen anderen Büchern unter viel Text begraben finden. Dieses Buch richtet sich aber vorrangig an alle diejenigen, die einfach ratlos sind und Hilfestellung bei der Beantwortung ganz grundsätzlicher Fragen benötigen. Und wenn man einmal betrachtet, wie viele Großunternehmen böse in der Klemme stecken, dann würde ich sagen, dass es eine Menge Manager gibt, die dringend Rat suchen.

Kapitel

Die Ankunft

Es war einmal ein Manager, der, nachdem er 23 Jahre lang zielstrebig die Karriereleiter im Finanzwesen des Unternehmens United Widgets International erklommen hatte, zum Vorstandsvorsitzenden erkoren wurde. Im selben Moment schwoll die Flut an Voicemails, E-Mails und Meetings zu einer riesigen Welle an. Es dauerte nicht lange und Byram J. Bigdome fühlte sich völlig überrollt. Er musste an allen Fronten gleichzeitig kämpfen und sich mit Plänen, Budgets, Egos, Direktoren und der Wall Street herumschlagen. Jeder versuchte, ihn von etwas anderem zu überzeugen. In jedem Meeting, in dessen Verlauf eine schwierig zu beantwortende Frage gestellt wurde, richteten sich alle Augen auf ihn, in Erwartung dessen, was er zu sagen haben würde. An die Unternehmensspitze zu gelangen schien doch wesentlich einfacher zu sein, als sich dort zu behaupten. Was ihm aber am meisten Bauchschmerzen verursachte, war die Auseinandersetzung mit den Marketingexperten seiner Firma. Er wusste, dass die Art und Weise, wie die Marken des Unternehmens geführt und gefördert wurden, über sein Schicksal als Unternehmenslenker entscheiden würde. Aber er wusste auch, dass er nur sehr wenig über Marketing wusste.

Wen um alles in der Welt konnte er um Rat fragen? Wem konnte er vertrauen? Eines wusste er jedoch ganz sicher: Wenn es ihm nicht gelänge, genügend richtige Anworten zu finden, würde seine Amtszeit an der Unternehmensspitze eine kurze Episode bleiben. Die Wirtschaftspresse war voll von Namen ehemaliger

Unternehmenslenker, die genauso schnell gefeuert worden waren, wie man sie berufen hatte. Die Fluktuation unter den CEOs begann bereits, dem schnellen Wechsel von Fußballtrainern Konkurrenz zu machen – mit einem großen Unterschied: Fußballtrainer wechseln zu anderen Vereinen. CEOs wurden zwar meist mit einem goldenen Handschlag verabschiedet, aber ihre Reputation war zerstört. Ihre Ablösung wurde in allen Medien diskutiert und sie selbst waren als Versager gebrandmarkt.

Dieser Gedanke begann an B.J. (sein Spitzname) zu nagen. Wo konnte er sich nur Rat holen, um keine Fehler zu machen?

Als er eines Morgens sein Büro betrat, bemerkte er einen glänzenden neuen PC hinter seinem Schreibtisch. Er rief seine Assistentin und fragte: „Wo kommt der denn her?" Aber seine Assistentin war genauso überrascht. „Keine Ahnung. Gestern stand er noch nicht da und ich habe auch nichts davon gehört, dass neue PCs installiert würden. Ich rufe mal die EDV-Abteilung an."

Als er wieder allein war, konnte B.J. der Versuchung nicht widerstehen, den Computer anzuschalten. Da geschah plötzlich etwas, das aufregend und erschreckend zugleich war. Auf dem Bildschirm erschien ein Wesen, das einem Geist ähnelte. Er trug einen Turban und sah aus, als sei er soeben dem Märchen *Aladin und die Wunderlampe* entstiegen. Zu B.J.s großer Überraschung begann der Geist mit ihm zu sprechen: „Meister, ich bin der Geist aus dem PC und bin gekommen, um dir die wichtigsten Fragen über Marketing zu beantworten." B.J., dem es die Sprache verschlagen hatte, brachte es gerade noch fertig zu murmeln: „Ich dachte, Geister kämen nur aus Flaschen." Der Geist winkte ab: „Das war früher. Wir haben alle digitalisiert. Und nachdem es bei allen Wünschen immer nur um mehr Geld ging, sind wir in die Wirtschaft expandiert, in der das große Geld gemacht wird. Dafür ist der PC der perfekte Aufenthaltsort. Er hat einen Bildschirm und einen ordentlichen Sound und wir müssen nicht mehr diesen lästigen Rauch produzieren, um aus der Flasche zu kommen oder wieder hineinzuschlüpfen. Das ist auch ein Beitrag zur Reduzierung der Luftverschmutzung. Selbst Geister müssen heute ökologisch korrekt sein."

„Wirst du mir jede Frage beantworten?", fragte B.J.

„Nein. Wie ich bereits sagte, konzentrieren wir uns nur aufs Business. Folglich werde ich dir alle Fragen beantworten, die du zur Vermarktung dieses Dingsda, das du United Widgets International nennst, hast. Keine Fragen zum Sinn des Lebens. Und alles streng vertraulich."

B.J. schwieg für eine Minute und sagte schließlich: „Warte mal. Wie kann ein Geist ein Marketingexperte sein? Was hast du denn jemals vermarktet außer der Erfüllung von Wünschen?"

Der Geist schwieg ebenfalls eine kurze Weile und antwortete dann: „Das ist eine sehr gute Frage und ich werde sie dir beantworten, ohne sie offiziell als Frage zu zählen. Also, du beginnst damit, 12.831 Marketingbücher zu lesen. Ich muss allerdings dazu sagen, dass die meisten ziemlich überflüssig sind. Dann, und das ist sehr wichtig, beschäftigst du dich eingehend mit der Entwicklung von Unternehmen in den letzten 20 Jahren. Marketingerfolg oder -misserfolg muss aus einer Langzeitperspektive betrachtet werden. Nachdem ich schon viele tausend Jahre unterwegs bin, habe ich mich auf Langzeitbetrachtungen spezialisiert. Menschen sind sehr kurzfristig orientiert. Sie neigen dazu, das Interesse an einer Sache zu verlieren, sobald etwas Neues auftaucht. Deswegen verfolgen sie die Geschehnisse nur selten über längere Zeiträume."

B.J., der immer noch ein wenig misstrauisch war, fragte: „Na schön, aber welchen Vorteil hast du davon? Warum solltest du mir helfen wollen? Wenn ich mich recht an die Geschichten erinnere, in denen Geister vorkommen, dann geht es wohl darum, dass ich dich aus dem PC befreie und dir deine Freiheit geben soll?"

„Red keinen Unsinn", antwortete der Geist. „Hier geht es um Investment und nicht um Freiheit. Wir Geister haben einen

Investmentfonds, in dem Unternehmen aus der ganzen Welt vertreten sind. Wir helfen den Top-Managern, ihre Marketingprob-
leme zu lösen, und dann investieren wir in ihre Unternehmen.
Oder glaubst du im Ernst, Bill Gates und Jack Welch hätten das
ganze Geld allein verdient?"

„Hast du ihnen dabei geholfen?"

„Na klar", erwiderte der Geist, „und das Ergebnis war, dass sich
unser Investment hervorragend ausgezahlt hat."

Listig fragte B.J.: „Und wie kommt es, dass ihr Jungs die
Dot.com-Pleiten nicht verhindert habt?"

„Wir haben uns immer auf greifbare Vermögenswerte konzentriert. Früher waren das Gold, Juwelen und Königreiche. Die
Dot.coms besaßen keine Vermögenswerte. Und ganz nebenbei,
die CEOs dieser Firmen waren unerfahrene Youngster, die spät-
pubertäre, alberne Werbung machen wollten. Wie kann man
jemandem einen Rat geben, der nicht einmal weiß, welche
Fragen er stellen soll?" Und der Geist fuhr fort: „Jetzt aber genug
mit meiner Vorstellung – und hier die Abmachung. Wenn du
eine Frage zum Marketing hast, schalte den Computer an und
ich werde da sein, um dir die Antwort zu geben. Ich werde mich
zu zehn Themen äußern und nicht eines mehr. Danach mache
ich mich auf zum nächsten Unternehmen. Überlege dir also gut,
was du fragen willst. Keine dämlichen Fragen in der Art: ‚Wie
kann ich den Umsatz in Atlanta steigern?' Konzentriere dich auf
strategische Fragen, die sich auf das Gesamtbild beziehen.
Verschwende nicht meine Zeit und erwarte keine langen, kom-
plexen Abhandlungen. Meine Antworten werden einfach sein
und sich auf die Quintessenz beschränken, wie ihr Finanztypen
es gerne ausdrückt. Ich werde nur über das Wesentliche sprechen."

Dann wurde der Bildschirm schwarz und zurück blieb ein
CEO, der völlig konsterniert auf die dunkle, spiegelnde Fläche
starrte. In dem Moment trat die Assistentin ein und brachte ihn
auf den Boden der Tatsachen zurück. „Ich kann einfach nicht

herausfinden, woher der PC kommt. Soll ich ihn abbauen lassen?"

„Nein", antwortete B.J., „lassen Sie ihn da. Vielleicht probiere ich ihn aus."

Während er weiterhin den PC anstarrte, dachte er: Kann das wirklich wahr sein? Kann es sein, dass ich einen perfekten Marketingberater im PC habe? Ist das vielleicht die Unterstützung, die ich brauche?

Und dies war der Anfang der Verwandlung des obersten Firmenchefs von einem Greenhorn in einen gewieften Profi auf diesem merkwürdigen Gebiet mit der Bezeichnung „Marketing".

Kapitel

Was ist die Quintessenz des Marketing?

„Wenn wir erst einmal unsere Megamarke eingeführt haben, werden wir von endlosen Synergien profitieren können."

Als B.J. zum CEO ernannt wurde, tat er, was jeder engagierte CEO tun würde, insbesondere wenn er sein Leben lang mit Zahlen jongliert hatte: Er trat auf die Kostenbremse. Aber nach mehreren Runden der Kostenreduzierung wurde ihm bewusst, dass Unternehmenswachstum wesentlich mehr erforderte als Kostensenkung. Also trommelte er die Marketingverantwortlichen zusammen, um mit ihnen darüber zu diskutieren, wie das Unternehmen seine Produkte noch besser an den Mann bringen konnte. Es dauerte keine fünf Minuten und schon schwirrte eine ganze Armada höchst kompliziert klingender Fachausdrücke durch den Raum: Mega-Brands, Submarken, Segmentierung, Synergie, Core-Evaluator, strategischer Fit, psychologische Antriebe und Rollen. In null Komma nichts erschien Marketing als eine äußerst komplexe Thematik, für deren Verständnis man ein eigenes Lexikon brauchte. Ehe er sichs versah, wurden B.J.s Augen glasig und seine Gedanken wanderten wieder zu den verschiedenen Alternativen der Kostensenkung. Als er es schließlich nicht mehr aushielt, beendete er das Meeting, flüchtete in sein Büro und stürzte auf den PC zu, um den Geist zu rufen. Seine erste Frage lautete: „Was ist die Quintessenz des Marketing?"

Der weise Geist des Marketing

„Marketing klingt nicht so einfach wie die Zahlen, mit denen du so gerne hantierst", belehrte ihn der Geist. „Das kann man wohl sagen", schnaufte B.J. und ließ sich in seinen Stuhl fallen. Der Geist lächelte und fragte: „Möchtest du die Definition der American Marketing Association hören?"

„Her damit", antwortete B.J.

„Marketing ist der Prozess der Planung und Ausführung einer Konzeption, Preisstrategie, Promotion und Distribution von Ideen, Waren und Dienstleistungen, mit dem Ziel, individuelle und organisationale Ziele zu setzen, zu ersetzen und zu erfüllen", antwortete der Geist. B.J. ließ ein Stöhnen vernehmen, als der Geist fortfuhr. „Aber eigentlich ist es ziemlich einfach, wenn man sich nicht von dem hochtrabenden Kauderwelsch beeindrucken lässt, das in all diesen Marketingbüchern steht."

„Hör auf, den Schlaumeier zu spielen", fuhr ihn B.J. leicht entnervt an. „Das gehört sich nicht für einen Geist. Du sollst profunde Antworten geben."

„Schon gut", beschwichtigte der Geist. „Marketing bedeutet ganz einfach herauszufinden, was du tun musst, um deine Produkte oder Dienstleistungen Gewinn bringend zu verkaufen."

B.J. musterte den Geist und gab zurück: „Das weiß ich selbst, aber da muss mehr dahinterstecken. Ist das nicht ein bisschen stark vereinfacht?"

„Das ist der Kern des Marketing", beharrte der Geist. „Es geht um nichts anderes, als die Dinge stark zu vereinfachen und zur zentralen Frage vorzudringen, wie man sein Produkt verkauft. Ich gebe dir ein Beispiel. Gutes Marketing ist wie eine Filmproduktion. Um eine Story zu erzählen, musst du viele Einzelteile zusammenfügen. Vor vielen Jahren berichtete ein Filmproduzent über die endlose Zahl von Drehbuchautoren, die ihm ihre Filmideen anboten. Er sagte, als Antwort gäbe er ihnen stets seine Visitenkarte und bäte sie, ihre Idee auf der Rückseite zu notieren. Wenn sie sich beschwerten, dass der Platz nicht ausreiche, erwiderte er in aller Ruhe, dass ihre Idee dann wohl nicht einfach genug wäre, um einen großartigen Film daraus zu machen."

B.J. setzte fort: „Dann ist Marketing so etwas wie ein Film und das Produkt ist der Filmstar. Jeder Akteur und jedes Filmdetail ist Teil der ganz einfachen Story darüber, wie sich mein Produkt von anderen unterscheidet und warum man es kaufen sollte, statt sich für ein anderes Produkt zu entscheiden."

„Das ist der Grundgedanke", bestätigte der Geist. „Wenn dein Produkt ein Problem löst, musst du zuerst das Problem groß herausstellen und dann dein Produkt als Helfer in der Not präsentieren, das dieses Problem löst. Wenn dein Produkt eine Weiterentwicklung ist, dann musst du frühere Lösungen herausstellen, denen gegenüber dein Produkt eine Neuigkeit darstellt. Wenn dein Produkt gegen einen größeren Wettbewerber konkurriert, musst du erklären, warum dein Produkt die bessere Alternative ist. Nur eines darf es nicht sein: eine Me-too-Story."

Budgets und der weise Geist des Marketing

Als klassischer Erbsenzähler konnte sich B.J. die Frage nicht verkneifen: „Wie schafft man es, ein Marketingbudget zu erstellen, das eine klügere Verteilung der finanziellen Ressourcen ermöglicht?"

„Ich wusste, dass du das fragen würdest", antwortete der Geist. „Fangen wir damit an, wie die Mittel bei Unternehmen mit so einer breit gefächerten Produktpalette wie United Widgets üblicherweise zugewiesen werden. Das ähnelt einem Gemischtwarenladen. Jedes Produkt erhält sein eigenes Budget. Meine Erfahrung hat gezeigt, dass die Endsumme eher vom Umsatzvolumen als von irgendeinem anderen Kriterium abhängig ist. Was die Budgetierung betrifft, lautet die häufigste Frage, die mir gestellt wird: ‚Wie viel Prozent vom Umsatz geben Unternehmen üblicherweise für Marketing aus?' Darauf sage ich: ‚Genug, um die gesteckten Ziele zu erreichen.' Das Problem bei diesem Ansatz besteht darin, dass einige Produkte, deren Umsatz geringer ist als der anderer Produkte, oft zu kurz kommen, während sich der Löwenanteil der Marketingausgaben auf gut eingeführte Produkte konzentriert, egal ob das Sinn macht oder nicht. Und wer würde schon zugeben, dass es keinen Sinn macht oder sogar reine Verschwendung ist?"

„Das klingt mir irgendwie vertraut", stimmte B.J. zu. „Wie lauten also die Grundregeln?"

„Schritt eins:", fuhr der Geist fort, „*Erstelle Marketingpläne*, die jedes Produkt nach seinem Marketing-Lebenszyklus darstellen. Handelt es sich um einen neuen Markt? Wie etabliert ist der Wettbewerb? Worin besteht das zentrale Differenzierungsmerkmal? Wird dein Produkt und das deiner Wettbewerber wahrgenommen und wie sieht diese Wahrnehmung aus? Diese Pläne sollten schonungslos ehrlich sein und die ungeschminkte Realität widerspiegeln. Kein Wunschdenken.

Zweiter Schritt: *Erstelle ein Marktchancen-Ranking.* Hier finden die Zahlen Eingang, denn hier bestimmst du, welche Produkte die größten Gewinnchancen haben, wenn ihr alles richtig macht. Kann für dieses Produkt ein Premium-Preis verlangt werden? Ist es eine neue Produktgeneration, die deinem Unternehmen zur Marktführerschaft verhelfen kann? Oder handelt es sich um ein austauschbares Basisprodukt, das sich gegenüber etablierten Konkurrenzprodukten behaupten muss? Dieser Schritt verlangt eine möglichst akkurate Schätzung, denn die Zukunft kann niemand mit Bestimmtheit voraussagen. Es geht darum zu versuchen, die Marktchancen jedes Produkts einzuschätzen, um herauszufinden, welches Produkt die größten Aussichten auf eine Gewinnerzielung bietet. Ich gebe dir einen Hinweis für das Rating: Erstelle auch eine Rangordnung für deine jeweiligen Wettbewerber. Je schwächer die Konkurrenz, desto größer sind deine Erfolgschancen. Gegen mächtige, gut vorbereitete Gegner anzutreten ist alles andere als ein Zuckerschlecken.

Dritter Schritt: *Überlege dir genau geeignete Werbemaßnahmen.* Da Werbung der teuerste Teil des Marketingplans ist, ist es wichtig, dafür zu sorgen, dass die dafür vorgesehenen Mittel so eingesetzt werden, dass die größtmögliche Wirkung erzielt wird. Und gib genug Geld aus, dass die Werbebotschaft auch deinen Zielmarkt erreicht. Werbung ist zum Beispiel sehr nützlich, um Awareness für eine neue Idee oder ein neues Produkt zu schaffen. Sie ist auch sehr wirkungsvoll, wenn sie dein Produkt mit anderen vergleicht oder das wesentliche Differenzierungsmerkmal deutlich hervorhebt. Allerdings ist Werbung nicht sehr effektiv, wenn du versuchst, einen potenziellen Kunden zu überreden oder seine Meinung zu ändern. Werbung ist auch nicht effektiv, wenn sie nur der Unterhaltung potenzieller Käufer dient und den differenzierenden Nutzen nicht herausstellt.

Vierter Schritt: *Dreh den Geldhahn zu, wenn dein Budget erschöpft ist.* Hier muss ein Unternehmenschef wirklich unerbittlich sein und ein dickes Fell haben. Wenn du deine verschiedenen Programme einmal nach ihren Gewinnchancen und effektiven Maßnahmen priorisiert hast, arbeite sie nach den festgelegten Prioritäten ab. Wenn du nur drei Programme finanzieren kannst, beschränke dich auf diese drei. Wenn das Budget ausgeschöpft ist, haben die nachgeordneten Programme Pech. Sie müssen bis zum folgenden Jahr warten und mit einem Minimalbudget auskommen. Natürlich wird das bei einigen Leuten Zähneknirschen auslösen, aber es ist wichtig zu vermeiden, dass das Geld nach dem Gießkannenprinzip auf zu viele Projekte verteilt wird. Du willst für deine großen Anstrengungen schließlich den maximalen Gewinn."

Die Bedeutung konsequenter Umsetzung

„Wenn du einmal festgelegt hast, wie die Gelder verwendet werden sollen, musst du der einfachen Weisheit folgen, die ein Robert Hall einmal formuliert hat: ‚Eine gute Idee umzusetzen ist besser, als nur eine gute Idee zu haben.'", fuhr der Geist fort. B.J. begann langsam zu verstehen: „Du meinst damit, dass man, wenn man einmal weiß, welchen Weg man einschlagen muss, um erfolgreich zu sein, alle Anstrengungen auf die Bewältigung dieses Wegs konzentrieren muss, und Marketing ist sozusagen die Koordination aller dieser Anstrengungen." „Ganz genau", bestätigte der Geist. „Die konsequente Umsetzung ist die Brücke zwischen guter Planung und überzeugenden Ergebnissen. Und die Umsetzung ist die eigentliche Aufgabe des Marketing, nämlich die Gewährleistung, dass alle Details berücksichtigt sind und sorgfältig behandelt werden. Menschen stolpern immer über Kieselsteine, nie über Berge."

„Noch irgendetwas?", fragte B.J.

„Ja", sagte der Geist. „Konsequente Umsetzung bedeutet auch, sich ständig um seine Kunden zu kümmern, wenn man sie einmal gewonnen hat. Hier lassen sich technische Mittel einsetzen, um im ständigen Kundenkontakt zu bleiben und ihnen das Gefühl zu vermitteln, dass sie aufmerksam betreut werden. Wenn du einen Fehler machst, geh sofort auf deinen Kunden zu und sag ihm, dass es dir Leid tut. Und biete ihm etwas an als Wiedergutmachung für seinen Ärger. Das nennt man One-to-one-Marketing. Ich nenne es Aufmerksamkeit. Denk immer daran, dass es mehr kostet, einen neuen Kunden zu gewinnen, als einen vorhandenen zu halten."

Die Bedeutung der Vertriebswege

B.J. hatte noch eine andere Frage: „Alle Marketingleute sprechen ständig von Vertriebskanälen. Wie wichtig ist das für den Marketingprozess?"

„Früher war das kein großes Thema", erwiderte der Geist. „Die Waren wurden einfach auf einen Wagen geladen und damit ist man dann zum Markt gefahren und hat sie verkauft. Heute ist das wesentlich komplizierter."

„Das scheint mir auch so", sinnierte B.J. „Gibt es dafür auch kluge Regeln?"

„Ein paar", antwortete der Geist.

„Die erste lautet: *Je direkter der Vertriebsweg, desto größer die Steuerungsmöglichkeit.* Mit anderen Worten: Wenn du Absatzmittler einschalten musst, verlierst du Geld und die Kontrolle darüber, wie dein Produkt den Endkunden erreicht. Michael Dell, einer meiner besten Schüler, umging den Einzelhandel und wurde überaus erfolgreich, während andere sich vergeblich abmühten.

Eine weitere Regel lautet: *Konkurriere nie mit deinen eigenen Kunden.* Wenn du dich für ein Vertriebssystem entschieden hast – sagen wir, kleinere Spezial-Einzelhändler –, dann solltest du nicht gierig werden und ihnen durch eigene Geschäfte Konkurrenz machen. Die Händler werden sonst das Interesse an deiner Marke verlieren. Ein gutes Vertriebssystem erfordert Loyalität gegenüber den gewählten Vertriebskanälen. Wenn du möchtest, dass kleine Ladengeschäfte dir gegenüber loyal sind, dann darfst du deine Waren nicht über große Ketten absetzen."

„Noch irgendwelche Regeln?", fragte B.J.

Der Geist lächelte und fügte hinzu: „Aber ja. *Alles dreht sich um das große Geld.* Je mehr deine Vertriebspartner an deinen Produkten verdienen können, desto mehr Aufmerksamkeit werden sie dir schenken. Das bedeutet, dass du deine Produkte für die Kunden deiner Vertriebspartner – die Endkunden – so attraktiv wie möglich machen musst. Das wiederum heißt, dass dein Marketing wirklich gut sein muss."

Eine Warnung

B.J. begann, sich allmählich etwas sicherer auf dem Marketing-terrain zu fühlen, und sagte: „Das ist eigentlich gar nicht so schwer. Man nimmt einfach das wichtigste Differenzierungs-merkmal und zimmert ein Kommunikations-programm drum-herum, um Kunden anzulocken. Und dann bleibt man konse-quent dabei, richtig?" Der Geist fixierte B.J. intensiv und ließ dann eine Warnung los: „Ganz so einfach ist das nicht. Die mei-sten Differenzierungsideen sind schwer auszumachen, weil sie zunächst fast nie wie ein wirklich wichtiges Unterscheidungs-merkmal aussehen. Wenn es so wäre, hätten das schon andere für sich reklamiert. ‚Große Ideen kommen auf leisen Schwingen daher. Vielleicht, wenn wir aufmerksam lauschen, vernehmen wir inmitten des Getöses von Imperien und Nationen ein schwa-ches Flügelschlagen, das sanfte Aufbegehren von Leben und Hoffnung', sagte einst Albert Camus. Marktchancen sind schwer auszumachen, weil sie nicht als solche daherkommen. Sie wir-ken oft banal und zu offensichtlich – ein leichteres Bier, ein sichereres Auto, ein Geschäft, das nichts anderes als Spielzeug verkauft, eine Pizza mit besseren Zutaten. Die Verantwortung des Marketing besteht darin, diese Chancen aufzuspüren, den diffe-renzierenden Nutzen in Worte zu fassen und ihn in eine ausge-reifte Marketingstrategie einzubetten, damit er seine ganze Kraft entfalten kann."

Mit diesen Worten verschwand der Geist und der Bildschirm verdunkelte sich.

Das nächste Meeting

Am nächsten Tag rief B.J. den Marketingvorstand zu sich, ließ ihn Platz nehmen und bat ihn um eine simple Sache: „Ich möchte, dass Sie ab sofort keinen Marketingjargon mehr verwenden. Was ich möchte, sind einfache und verständliche Erklärungen, was wir bei jeder unserer Produktlinien tun müssen, um mehr zu verkaufen. Sprechen Sie mit mir, als ob ich ein Kunde wäre, der einen Film über unser Produkt ansieht. Was ist die zentrale Story, worum geht es? Und dann präsentieren Sie mir das Programm, das wir umsetzen müssen, um Kunden zu gewinnen. Und vergessen Sie nicht das Programm, um diese Kunden halten zu können."

Der Marketingvorstand fragte: „Aber was ist mit den Kosten für diese Programme?" B.J. lächelte und antwortete: „Hier ist eine vierstufige Methode, mit der wir unsere Marketingausgaben für das nächste Jahr bestimmen können. Befolgen Sie sie und wir werden unsere Mittel effektiver einsetzen."

Ein völlig perplexer Marketingvorstand starrte auf das Papier.

Der weise Geist des Marketing:

Marketing ist wie die Produktion eines Films, dessen Star das Produkt ist. Ein richtig guter Film wird ein Kassenschlager.

Kapitel

Was bedeutet eigentlich „Branding"?

„Unsere Marken sind rational und passiv. Wir hätten sie aber gerne emotional und aktiv."

Vielleicht weil ihn B.J.s plötzliche Kenntnisse bei dem letzten Meeting in Verlegenheit gebracht hatten, berief der Marketingvorstand ein neues Meeting zum Thema „Branding" ein. Er wollte seinen neuen Chef gern beeindrucken und ihm gleichzeitig erklären, wie man eine Marke entwickelt und führt. Schließlich war das sein Job.

Während dieses Meetings hatte B.J. den Eindruck, die anderen Teilnehmer kämen von einem anderen Stern, so vage und nebulös erschien ihm ihre Ausdrucksweise. Begriffe wie „Spirit", „Normen", „Werte", „Charakter", „Ideologie" und „Glaube" schwirrten durch den Konferenzraum und ließen jeden konkreten Realitätsbezug vermissen. Als das Gespräch an einem Punkt angelangt war, an dem von „moderat versus stark diskrepanter Information" und „einzigartigen Prägungen, die die Markenbindung stärken" die Rede war, entschied B.J., dass er nun genug hatte. Er täuschte einen wichtigen Anruf vor und flüchtete in sein Büro, um den Geist zu fragen, was es mit diesem hochtrabenden Wortgeklingel eigentlich auf sich hatte.

Was bedeutet eigentlich „Branding"?

Die Bedeutung der Marke und der weise Geist des Marketing

Als er diese Frage vernahm, lächelte der Geist und sagte: „Das ist ein Marketingthema, bei dem aus einer Mücke ein Elefant gemacht wurde. Das letzte Mal, als ich nachgesehen habe, gab es mehr als 2000 Bücher, die sich mit Marken und Markenaufbau beschäftigt haben. Was einst lediglich ein Logo und der Name des Produkts beziehungsweise des Unternehmens gewesen ist, hat sich nun zu einer beinahe mystischen Kreation entwickelt, die von den Produktnamen unabhängige unverwechselbare Identitäten und Qualitäten beinhaltet. Heerscharen von Beratern versuchen, Unternehmen ihre Systeme zu Markenaufbau und -führung anzudrehen. Kann man alles vergessen. Aber lass uns ganz von vorne anfangen. Der berühmte Designer Walter Landor sagte einmal: ‚Produkte werden in Fabriken hergestellt, Marken entstehen im Kopf.'"

„Das habe ich auch immer gedacht", unterbrach ihn B.J. „Ein Markenname ist nichts anderes als ein Begriff der Wahrnehmung. Es ist ein waschechtes Hauptwort, das mit einem Großbuchstaben beginnt."

„Das ist ein Teil der Definition", fuhr der Geist fort. „Aber allein in den USA gibt es 1.600.000 eingetragene Marken- oder Handelsnamen. Um erfolgreich zu sein, ist es sehr hilfreich, einen guten Namen zu haben."

Markennamen und der weise Geist des Marketing

„Nachdem Marken in der Wahrnehmung der Verbraucher entstehen, ist der Produktname die wichtigste Marketingentscheidung überhaupt", erklärte der Geist. „Der Name ist sozusagen die Schublade, die in das geistige Ordnungssystem eingeschoben wird, in dem Menschen Marken abspeichern. Ein guter, einprägsamer Name hat gleich einen Vorsprung. Ein schlechter Name kann ein großes Problem darstellen." B.J. unterbrach ihn: „Gib mir mal ein Beispiel für einen schlechten Namen."

„Der größte Fehler, den man machen kann, sind Akronyme als Namen zu verwenden, wie z.B. USG, NCA oder AMP. An deinem verständnislosen Gesichtsausdruck kann ich ablesen, dass dir keine dieser Marken bekannt vorkommt."

„Wie groß sind sie?", fragte B.J.

„Das sind alles Fortune-500-Unternehmen, aber Akronyme sind eigentlich gar keine richtigen Namen. Sie sind ein One-way-Ticket ins Vergessen."

„Wodurch zeichnet sich ein überzeugender Markenname aus?", setzte B.J. nach.

Der Geist erwiderte: „Die besten Markennamen beziehen sich direkt auf den Produktnutzen, zum Beispiel Longlife, eine Batterie mit langer Lebensdauer, oder Tipp-Ex für die Entfernung von Tippfehlern oder Intensive Care Skin Lotion. Gut sind auch wohlklingende Namen wie Dove Badeseife oder Nutella. Die geistige Wahrnehmung wird stark von der akustischen Wahrnehmung beeinflusst. Merkwürdig klingende Namen wie UNUM, Agilent oder Zylog sollte man daher eher vermeiden. Stattdessen sollte man nach Namen suchen, die angenehm fürs Ohr sind, so wie Nivea, Compaq oder Milka."

„Gut", warf B.J ein. „das habe ich jetzt verstanden. Aber was bedeutet nun eigentlich ‚Branding'?"

Branding und der weise Geist des Marketing

„Bei einem Branding-Programm geht es darum, dass du dein Produkt oder dein Unternehmen von anderen Produkten derselben Gattung beziehungsweise Branche differenzierst", erklärte der Geist.

„Ist das nicht das täglich Brot der meisten Marketer?", fragte B.J.

„Ach, wenn es nur so wäre", seufzte der Geist. „Eine amerikanische Marktforschungsgesellschaft namens Copernicus hat 48 führende Markenpaare in 48 verschiedenen Produkt- und Servicekategorien untersucht, um herauszufinden, ob sich Marken mit der Zeit immer mehr angleichen und somit austauschbar werden." „Und?", wollte B.J wissen. „Was kam dabei heraus?" „Nun, ich werde dich nicht mit den ganzen Zahlen langweilen", antwortete der Geist, „aber von den 48 untersuchten Produktkategorien wurden 40 als zunehmend ähnlich wahrgenommen."

„Wie konnte das passieren?", fragte B.J.

„Dafür gibt es drei Gründe. Zum Ersten eine Verschiebung vom Markenaufbau hin zu Promotion-Programmen und -vereinbarungen. Dann gibt es einen Wandel von der informativen Werbung zur unterhaltenden Werbung. Und zu guter Letzt wird meist versäumt, den wichtigsten differenzierenden Nutzen zu kommunizieren. Somit verschiebt sich das Gewicht von der Marke zum Preis."

„Warum ist das für Unternehmen so schwierig?", fragte B.J.

„Das Kniffelige daran ist, dieses entscheidende Differenzie-rungsmerkmal in Worte zu fassen", antwortete der Geist. „Wenn dein Produkt schneller, trendiger, sicherer oder neu ist, ist das natürlich kein Problem. Aber oftmals muss man auf andere, nicht produktbezogene Attribute zurückgreifen wie ‚marktführend', ‚traditionsreich' oder ‚bevorzugt'. Egal, wofür du dich entscheidest, du musst dieses Attribut in einen Kundennutzen übersetzen. Viele Unternehmen machen genau das nicht – und treten mit bedeutungslosen Slogans auf."

„Dann bedeutet Branding, eine Marke aufzubauen und einen differenzierenden Nutzen in der Wahrnehmung potenzieller Kunden zu etablieren", warf B.J. ein. „Genau das ist es", bestätigte der Geist. B.J. warf sich stolz in die Brust: „Das ist aber simpel. Das versteht ja selbst ein Zahlenmensch wie ich."

„Nicht so eilig", unterbrach ihn der Geist. „Ich habe dir noch nicht von dem wirklich schwierigen Aspekt des Branding erzählt." „Und der wäre?", fragte B.J. „Den Fokus nicht zu verlieren", erwiderte der Geist.

Der Fokus und der weise Geist des Marketing

„Eine Marke aufzubauen ist oft einfacher, als sie davor zu bewahren, dass sie von unternehmensinternen Kräften zerstört wird", fuhr der Geist fort.

„Wie soll das denn passieren?", fragte B.J.

„Im Allgemeinen geschieht das aufgrund des Drucks, den ihr Erbsenzähler auf die Organisation ausübt. Um die Zahlen zu erreichen, die ihr den Marketingmanagern vorgebt, greifen sie zu Lösungen, die die Marke gefährden." „Wie was, zum Beispiel?", fragte B.J.

„Nun, um das Geschäft anzukurbeln, weichen sie von dem ab, was die Marke einzigartig macht, und tun Dinge, die die Marke verwässern. Sie jagen Geschäften nach, auf die sie besser verzichten sollten. Marlboro mit seinen Mentholzigaretten, zum Beispiel. Oder Cadillac mit seinen Mini-Cadillacs. Oder Porsche mit seinem Geländewagen. Manchmal werden Submarken kreiert, um diesen Bemühungen eine gewisse Legitimität zu verleihen, so wie Holiday Inn Crown Plaza. Die meisten Kunden fanden, dass das Crown Plaza für ein Holiday-Inn-Hotel einfach zu teuer war."

„Okay, ich verstehe, dass es Probleme gibt, wenn man versucht, aus einer Massenmarke eine Premium-Marke zu machen, aber wie ist es umgekehrt?", unterbrach B.J. „Waterford Crystal versucht das mit Marquis by Waterford. Aber je besser sich das billigere Kristall verkauft, desto mehr wird die teurere Marke Waterford angegriffen. Das Gleiche gilt für Mercedes. Je mehr preisgünstige Modelle DaimlerChrysler auf den Markt bringt, desto mehr wird das Prestige der großen, teuren Mercedes-

Modelle darunter leiden. Eine Marke ist ein Versprechen. Sie weckt Erwartungen, die das Produkt erfüllen muss."

B.J. hatte noch eine Frage: „Kann eine Marke auf mehrere Arten beziehungsweise durch mehrere Modelle vermarktet werden?"

„Durchaus", antwortete der Geist, „solange die verschiedenen Modelle nicht von dem Markenkern abweichen, der ihn von allen anderen Marken unterscheidet. Wenn Volvos als sichere, gepanzert wirkende Autos wahrgenommen werden, macht ein Cabrio in den Köpfen der Verbraucher keinen Sinn. Wenn Nike das ist, was die besten Athleten der Welt am Körper tragen, ist ein Nike-Golfball keine Bereicherung. Man kann ihn eben nicht anziehen."

B.J. schien konsterniert angesichts dieser seiner Meinung nach offensichtlichen Dummheit. Er fragte: „Wie kann so etwas passieren? Diese Beispiele leuchten mir ein. Aber warum werden solche Entscheidungen überhaupt getroffen?"

Die Gier und der weise Geist des Marketing

„Die Antwort heißt ‚Gier'", erwiderte der Geist. „Oft geschieht das, wenn es einen Wechsel in der Unternehmensführung gibt und das neue Management, angespornt durch die Analysten der Wall Street, die Marke stärker ausdehnen, als ihr gut tut. Das ist exakt das, was mit der Luxushotel-Marke Ritz Carlton passiert ist." B.J. war überrascht. „Was ist denn mit dem Ritz Carlton passiert?"

„Diese Marke gehört der Marriott-Kette, aber statt sie zu führen, managen sie sie im Namen der Investoren und erhalten dafür einen bestimmten Prozentsatz des Umsatzes und anderer Gebühren." Als eingefleischter Finanzfachmann hatte B.J. das Problem sofort erkannt: „Du meinst, Marriott verdient sogar dann Geld, wenn die Hotels Verluste machen?" „So ist es", bestätigte der Geist. „Für Marriott besteht der Anreiz also darin, so viele Hotels wie möglich zu eröffnen, selbst an Plätzen, die alles andere als luxuriös sind. Langsam, aber sicher wird das Ritz damit seinen Status verlieren." B.J. hatte noch eine andere Frage: „Wie kann man also vermeiden, den Fokus zu verlieren und die eigene Marke zu unterminieren?" Der Geist lehnte sich aus dem Computer und sagte: „Durch Verzicht. Etwas zu unterlassen kann dem eigenen Geschäft sehr gut tun. Wenn du verschiedene Kategorien über einen langen Zeitraum beobachtest, wirst du feststellen, dass das Hinzufügen von immer mehr Varianten Wachstum hemmt und nicht fördert. Je mehr man hinzufügt, desto größer ist die Gefahr, dass man die grundlegende differenzierende Idee verwässert. Es gibt drei verschiedene Formen von Verzicht, also mach dir Notizen."

B.J. schnappte sich einen Stift. „Okay, es kann losgehen."

„Der Verzicht auf bestimmte Produkte oder die Konzentration auf eine Produktart ist die erste Form", fuhr der Geist fort. „Duracell macht ausschließlich Alkaline-Batterien. Kentucky Fried Chicken konzentriert sich ausschließlich auf Hähnchen und Southwest Airlines auf Kurzflüge. Herb Kelleher von Southwest war einer meiner besten Schüler.

Als Nächstes kommt *der Verzicht auf bestimmte Attribute* oder die Konzentration auf bestimmte Produkteigenschaften. Volvo steht für Sicherheit und Dell für Direktvertrieb. Dein Produkt kann mehr als ein Merkmal bieten, aber deine Markenbotschaft sollte sich ausschließlich auf das eine Merkmal beschränken, das du am stärksten hervorheben willst.

Und schließlich *der Verzicht auf bestimmte Zielmärkte* beziehungsweise die Konzentration auf einen Zielmarkt in einer Kategorie. Das ermöglicht, in diesem Segment zum bevorzugten Produkt zu werden. Wenn du in ein anderes Segment vordringen willst, läufst du Gefahr, deine angestammten Kunden zu vergraulen."

B.J. legte den Stift aus der Hand und sagte: „Ich glaube, ich habe es kapiert. Branding bedeutet, eine Marke zusammen mit ihrem wesentlichen Differenzierungsmerkmal in das Gedächtnis der Verbraucher einzuprägen. Und der Trick besteht darin, sich konsequent auf das zu konzentrieren, wofür die Marke steht, und jeder Anwandlung von Gier nach schnellen finanziellen Erfolgen zu widerstehen."

Der Geist lächelte und sagte: „Ja, ich glaube, du hast es jetzt verstanden. Nun sorge dafür, dass es deine Leute auch verstehen."

Und der Bildschirm verdunkelte sich.

Es folgt ein Memo

Am nächsten Tag verschickte B.J. ein Memo an den Markenvorstand und alle Produktmanager. Das Memo trug die Headline „Branding und seine Bedeutung." Dort berichtete er über das, was er ein „Gespräch mit einem herausragenden internationalen Markenexperten" nannte. Er wies darauf hin, dass dieses Memo ab sofort die Grundlage für die Markenpolitik von United Widget sei und dass ihm jede Abweichung von diesen Richtlinien zur Kenntnis gebracht werden müsse. Überflüssig zu erwähnen, dass sich viele Leute im Unternehmen tagelang den Kopf zerbrachen, wer wohl dieser ominöse Markenexperte sein könnte. Sie haben es nie erfahren.

Der weise Geist des Marketing:

Branding bedeutet, das Produkt oder das Unternehmen in der Wahrnehmung der Verbraucher von Konkurrenzprodukten oder -unternehmen zu differenzieren.

Kapitel

Wie sollte unsere Produktstrategie aussehen?

„Wir werden unsere Marke in jeden Winkel des Marktes tragen."

B .J. fühlte sich unter dem ständigen Druck, neue Produktideen absegnen zu müssen, nicht wohl. Jede Präsentation versprach ein Produkt, das ein durchschlagender Erfolg werden würde. Einige Ideen waren neu, andere waren Varianten bereits existierender Produkte und wieder andere waren Antworten auf Konkurrenzprodukte. B.J. fand das alles äußerst verwirrend, insbesondere da ihm ein Modell beziehungsweise ein Referenzrahmen fehlte, an dem er die neuen Produktideen messen konnte. Irgendwo hatte er gelesen, dass neun von zehn Neuprodukten floppten. Diese Tatsache verfolgte ihn jedes Mal, wenn er wieder eine neue Produktidee absegnen sollte, die statistisch gesehen ein Misserfolg werden würde. Er entschloss sich, den Geist zu Produktstrategien zu befragen.

Produktstrategien und der weise Geist des Marketing

„Das ist eine gute Frage", verkündete der Geist. „Sie wird nicht oft gestellt, denn die meisten Menschen glauben, sie könnten alles machen, es sei nur eine Frage des Geldes." „Wie kommt das?", wollte B.J. wissen. „Ich nenne das den ‚Manipulationsfaktor', erklärte der Geist. „In all den Jahren, in denen ich Geschäftsleute beraten habe, habe ich nicht einen frisch angeheuerten Marketingmanager erlebt, der sich an seiner neuen Wirkungsstätte umgesehen und gesagt hätte: ‚Das sieht doch alles ziemlich gut aus. Wir sollten nichts verändern.' Wenn ein Unternehmen ganze Bürofluchten voller Marketingexperten hat, kann man davon ausgehen, dass an der Marke endlos herummanipuliert wird. Damit vertreiben sie sich die Langeweile. Das Nächste sind desaströse Neuprodukte wie Crystal Pepsi oder McPizza von McDonald's. Die Marketingmanager betrachten diese Ideen als ‚Verbesserungen'. Unglücklicherweise führt das, was im Unternehmen als Verbesserung gilt, in der Wahrnehmung der Verbraucher nur zu Verwirrung. Ich verrate dir eine gute Methode, mit der du in einem leicht einprägsamen Satz ein Produkt bewerten kannst: *Nummer eins, Nummer zwei oder eine neue Kategorie herbei.*"

Nummer eins und der weise Geist des Marketing

„Dein Ziel ist, aus deiner Marke die Nummer eins oder zwei im Markt zu machen, oder eine neue Subkategorie zu eröffnen. Ich will es dir erklären. Das grundlegende Thema im Marketing ist, eine Kategorie zu erfinden, in der du der Erste bist. Das ist das Gesetz der Marktführerschaft: Es ist besser, der Erste zu sein, als besser zu sein. Es ist viel leichter, sich als Erster in der Wahrnehmung der Verbraucher zu platzieren, als sie davon zu überzeugen, dass dein Produkt besser ist als das Konkurrenzprodukt, das vor dir auf dem Markt gewesen ist. Die führende Marke in einer Produktkategorie ist fast immer auch die erste, die sich in das Bewusstsein potenzieller Käufer eingeprägt hat. Hertz bei Mietwagen, IBM bei Computern, Coca-Cola bei colahaltigen Getränken, Starbucks bei Kaffeespezialitäten. Ein Grund, warum die ersten Marken ihre Führungsposition behaupten können, ist, dass ihr Name zu einer generischen Bezeichnung wird, so wie Q-Tips, Tempo, Gore-Tex oder Tesa.

Ein weiterer Grund besteht darin, dass starke Marktführer sich mit verbesserten Produktversionen oder einer ganz neuen Produktgeneration selber angreifen. Gillette ist auf diesem Gebiet geradezu brillant. Alle zwei bis drei Jahre bringt das Unternehmen verbesserte Varianten seiner Rasierklingen heraus. Trac II, Sensor, Sensor Excel und nun Mach3. Da haben Wettbewerber überhaupt keine Chance. Das ist auch der Grund dafür, warum Gillette einen Marktanteil von 65 Prozent hält. Wenn also jemand mit einer Idee zu dir kommt, die die Chance birgt, Markführer in einer neuen Kategorie zu werden, dann verfolge sie."

„Und wenn uns jemand zuvorgekommen ist?", wollte B.J. wissen.

Nummer zwei und der weise Geist des Marketing

„Ein Produkt hat immer eine große Chance, eine Alternative zu einem bereits bestehenden Produkt zu sein. Aber Vorsicht, das geht nicht, wenn du dieselben Dinge bietest wie das schon vorhandene Konkurrenzprodukt. Du musst den Marktführer mit einer echten Verbesserung oder der Konzentration auf ein anderes Marktsegment oder eine andere Kundengruppe in derselben Kategorie herausfordern. In den USA zum Beispiel spricht Coke etwas ältere Menschen an, Pepsi dagegen jüngere. Wenn du eine starke Alternativstrategie entwickelst, kann dein Produkt eine sehr erfolgreiche Nummer zwei werden."

„Wie sieht es mit Nummer drei oder vier derselben Kategorie aus?", unterbrach B.J. Der Geist klang ein wenig ungeduldig, als er antwortete: „Ich habe gesagt, Nummer eins oder zwei. Wenn du die Nummer drei bist, ist deine Zukunft gefährdet. Bist du aber die Nummer vier, kann das wirklich fatal sein. Wenn du Zweifel an der Macht des Konzepts der Nummer eins oder zwei hast, dann sieh dir an, welchen Erfolg Jack Welch damit bei General Electric gehabt hat."

Wie sollte unsere Produktstrategie aussehen?

„Wie hast du Jack Welch eigentlich geholfen?", fragte B.J. neugierig. „Er war Verfahrensingenieur und hatte keinen blassen Schimmer von Marketing. Irgendwann habe ich ihm das Gesetz der Dualität erklärt", antwortete der Geist. „Was ist das denn?", staunte B.J. „Nun, langfristig entwickelt sich jeder Markt zu einem Kopf-an-Kopf-Rennen zwischen zwei Wettbewerbern. Bei Batterien sind es Eveready und Duracell. Bei Filmen sind es Kodak und Fuji, bei Hamburgern McDonalds und Burger King und bei Sportschuhen Nike und Reebok. Aus einer Langzeit-Marketingperspektive betrachtet endet das immer in einem Kampf der Titanen zwischen den beiden größten Marktteilnehmern – im Allgemeinen sind das die traditionsreiche, verlässliche Marke und der Newcomer. Jack hörte zu und verlangte von seinen Leuten, sie sollten die Nummer eins oder zwei in ihrem jeweiligen Markt werden. Wenn ihnen das nicht gelang, wurde ihr Geschäftsbereich verkauft."

„Dann besteht der erste Schritt darin, dafür zu sorgen, dass meine Leute in ihren Produktplänen davon ausgehen, die Nummer eins oder zwei zu sein", ergänzte B.J. „Was ist aber, wenn diese Positionen schon besetzt sind?"

Eine neue Kategorie und der weise Geist des Marketing

„Hier wird es jetzt interessant", sagte der Geist. „Eine neue Kategorie zu eröffnen ist ein wirklich große Sache. Aber wenn das einmal gelungen ist, hast du die Möglichkeit, weitere Subkategorien aufzumachen. Die Marketingexperten nennen das ‚Marktsegmentierung'. Charles Schwab hat das gemacht, als er im Brokermarkt zum Discountbroker wurde. Dell hat das in dem gesättigten PC-Markt gemacht, indem es als erstes Unternehmen Computer per Telefon verkaufte und inzwischen über das Internet vertreibt. Southwest Airlines hat das gemacht, indem es die erste Fluggesellschaft für Inlands-Kurzstrecken wurde. Das wirft die klassische Marketing-Denkweise über Bord, die darauf ausgerichtet ist, in einem bestehenden Segment eine Marke zu etablieren. Wie bekomme ich Menschen dazu, meine Marke anderen vorzuziehen? Vergiss die Marke. Denk in Kategorien. Verbraucher verhalten sich eher abwehrend, wenn es um die Erprobung anderer Marken als der bisher genutzten geht. Jeder verteidigt seine präferierte Marke. Wenn es aber um neue Produktkategorien geht, sind Verbraucher wesentlich offener. Jeder ist an Neuem interessiert. Aber nur wenige interessieren sich dafür, wer besser ist."

Markenausdehnung und der weise Geist des Marketing

B.J. unterbrach den Geist: „Aber viele der neuen Ideen, die mir vorgestellt werden, sind eigentlich Varianten bereits existierender Produkte. Gilt hier deine Definition des Begriffs ‚neu'?" Der Geist lehnte sich erneut aus dem Computer und antwortete mit großem Ernst: „Das sind Markenausdehungen und die solltest du scheuen wie der Teufel das Weihwasser." „Was ist falsch an Markenausdehnungen?", fragte B.J. „Das macht doch anscheinend jeder."

„Ich weiß", erwiderte der Geist. „Aber die Unternehmen, mit denen wir arbeiten, sind eindringlich gewarnt, nicht in diese Falle zu tappen. Die unterschiedlichen Sichtweisen zu diesem Thema sind in erster Linie Unterschiede in der Perspektive. Unternehmen betrachten ihre Marken unter wirtschaftlichen Gesichtspunkten. Um Kosteneffizienz herzustellen und die Akzeptanz des Handels zu erhöhen, sind sie meist bereit, eine stark fokussierte Marke, die für einen bestimmten Produkttyp oder ein bestimmtes Konzept steht, in eine beliebige Marke zu verwandeln, die zwei, drei oder mehrere Produkttypen oder Konzepte repräsentiert. Wir Marketing-Geister betrachten das Thema Markenausdehnung von dem Standpunkt der Wahrnehmung aus. Je mehr Variationen einer Marke hinzugefügt werden, desto verschwommener wird die Wahrnehmung. Mit der Zeit bedeutet dann ein Markenname wie Chevrolet gar nichts mehr." B.J. biss sich an dem Thema fest. „Gibt es denn überhaupt keine positiven Beispiele?" „Wenn du dasselbe Produktkonzept in verschiedener Verpackung meinst, so wie der BMW in der 3er-, der 5er- und der 7er-Reihe, ja. Aber wenn du Markenausdehnungen aus einer Langzeitperspektive betrachtest, entsteht daraus nichts Gutes. Denk an die Studie, auf die ich gestoßen bin, die die Überlebensraten (nach sechs Jahren) von 84 neuen kurzlebigen Verbrauchsgütern untersucht hat. Es wurden keine nennenswerten Unterschiede zwischen der Lebenserwartung von Markenausdehnungen und Neuprodukten festgestellt. Dieses Ergebnis zeigt, dass eine Markenausdehnung gegenüber der Einführung eines neuen Produkts keine Vorteile bietet. Und das ist besonders gravierend, wenn man den mit einer Markenausdehnung einhergehenden Verlust der Fokussierung betrachtet."

B.J. fasst zusammen

„So", konstatierte B.J., „bei der Neuproduktentwicklung sollte ich auf eine Marktführerschaft abzielen, oder, wenn ich schon ein Produkt habe, das die Nummer eins ist, dafür sorgen, dass wir uns selbst mit neuen und verbesserten Produkten übertrumpfen." „Absolut richtig", stimmt der Geist zu. „Als Nächstes muss ich zusehen, dass – falls mein Produkt nicht marktführend ist – meine Nummer zwei darauf ausgerichtet wird, den Marktführer zu attackieren und eine überzeugende Alternative zu bieten." „Korrekt", bestätigte der Geist. „Und schließlich sollten neue Produkte in etablierten Kategorien führend in Subkategorien sein können, indem sie sich auf andere Marktsegmente konzentrieren. Me-too-Produkte und Markenausdehnungen sollte ich unter allen Umständen vermeiden." Der

Geist bestätigte erneut: „Das ist richtig. Halt dich an all diese Punkte und dein neues Produkt zieht ab wie eine Rakete."

Damit verdunkelte sich der Bildschirm.

B.J. zerreißt Pläne

In den darauf folgenden Tagen überprüfte B.J. alle Produktpläne seiner Sparte. In einem Meeting verlangte er die Entwicklung einer neuen Produktgeneration, um die Marktführerschaft behaupten zu können. Sein Statement: „Lasst uns nicht damit warten, bis es einer unserer Wettbewerber macht." In einem anderen Meeting merkte er an, dass es der Strategie an Schlagkraft zur Attacke auf die Produktstrategie des Marktführers in diesem Segment fehle. „Wir müssen eine überzeugende Alternative sein", betonte B.J. „Also, warum sind wir das?"

Und in fast allen Meetings räumte er rigoros mit all den Markenausdehnungsideen auf, für die geworben wurde. Als er verkündete, er wolle mehr Ansätze zur Segmentierung und Etablierung von Subkategorien sehen und weniger Me-too-Denken, waren alle beeindruckt. Als er den Raum verließ, vernahm man eine Stimme: „Wer war denn dieser Maskierte?"

Der weise Geist des Marketing:
Siegerprodukte sind die Nummer eins oder Nummer zwei in ihrer Kategorie. Oder sie eröffnen eine neue Subkategorie.

Kapitel

Welche Preisstrategie sollten wir verfolgen?

„Sobald wir uns durch diese Charts gearbeitet haben, werden wir einen Preis definieren."

E twas, das B.J. immer mehr ins Bewusstsein drang, war der Umstand, dass das Ungeheuer „Preis" in jedem Marketing- oder Finanzmeeting sein hässliches Gesicht zeigte. Ehe man sichs versah, winkte ein Konkurrent mit niedrigeren Preisen und versuchte, United Widget damit das Geschäft zu stehlen. In jedem Meeting redete irgendjemand von der Notwendigkeit, die Preise zu senken oder einen Weg zu finden, wettbewerbsfähig zu bleiben. Als er versuchte herauszufinden, auf welche Weise die Preise angesetzt wurden, wurden ihm Begriffe wie Grenzkosten, Preisbildung auf Basis der Durchschnittskosten und Gewinn- beziehungen um die Ohren gehauen. An dem Punkt, an dem sich die Diskussion um ein Konzept mit dem Namen „Price time customization" und „Bundling" drehte, ergriff er die Flucht, um den Geist zu Hilfe zu rufen. Was er brauchte, waren ein paar simple Regeln, die ihm halfen, das Ganze zu durchschauen.

Der Preis und der weise Geist des Marketing

„Seit Menschen begonnen haben zu handeln, sind Preise stets ein zentrales Thema gewesen", belehrte ihn der Geist. „Die beste Definition, die ich je gelesen habe, stammt von Pubilius Syrus, einem römischen Schreiber aus dem ersten Jahrhundert vor Christus. Er schrieb: ‚Eine Sache ist das wert, was ein Käufer dafür zu zahlen bereit ist.‘"

B.J. unterbrach ihn: „Ich brauche etwas mehr Hilfe als das."

„Das ist nur der Anfang", fuhr der Geist fort. „Der Unterschied ist, dass es heute unzählige Wettbewerber und Alternativen gibt, die zur Zeit von Pubilius Syrus nicht existierten. Heute drehen sich pragmatische Preisüberlegungen um die Frage, was der Wettbewerb zulässt." B.J. unterbrach ihn erneut: „Das habe ich verstanden. Aber was ich brauche, sind einige einfache Richtlinien für mich und meine Leute." „Ich erklär´s dir", sagte der Geist. „Hol dir Papier und einen Stift und ich nenne sie dir."

Die Preisrichtlinien und der weise Geist des Marketing

„Erstens musst du dich innerhalb der marktüblichen Preisspannen bewegen. In etablierten Märkte gibt es bestimmte akzeptierte Preisspannen. Wie unser römischer Freund schon sagte, ist das, was Käufer zu zahlen bereit sind, festgelegt. Wenn sich der Preis deines Produkts außerhalb dieser Toleranzzone bewegt, riskierst du, dass deine Kunden sich fragen, ob sie nicht zu viel bezahlen. Damit öffnest du deinen Wettbewerbern Tür und Tor.

Nächster Punkt: Kunden sind bereit, für Produkte, die sie als höherwertig empfinden, etwas mehr zu bezahlen. Solange du dich innerhalb der akzeptierten Preisgrenzen bewegst, werden deine Kunden die teurere Variante vorziehen, wenn sie das Gefühl haben, dass das Preis-Leistungs-Verhältnis stimmt. Das beste Beispiel dafür sind die Discountmärkte der amerikanischen Kette Target. Sie stehen im direkten Wettbewerb zu Wal-Mart, der

Killermarke unter den Massenmarken. Indem Target bei der Markenkreation auf Designer zurückgriff, ist es ihm gelungen, als ‚Masse mit Klasse' wahrgenommen zu werden. Man zahlt etwas mehr und bekommt dafür etwas ausgefallenere Artikel, die aber immer noch billiger sind als in den großen Kaufhäusern oder Spezialgeschäften. Dies ist eine weitere Richtlinie.

Qualitativ hochwertige Produkte sollten teurer sein. Kunden erwarten, dass sie für ein besseres Produkt auch mehr bezahlen müssen. Aber die Produktqualität sollte in irgendeiner Form sichtbar sein. Wenn ich für eine Outdoor-Jacke der Marke Jack Wolfskin einen höheren Preis bezahlen soll, dann ist es sinnvoll, wenn in der Jacke ein Gore-Tex-Schild hängt, auf dem steht: ‚Schützt garantiert gegen Durchnässung'. Eine teure Rolex sollte robust und massiv aussehen. Allerdings gibt es viele Uhren, die einen Bruchteil kosten und ebenfalls robust und massiv wirken. Damit kommen wir zur nächsten Regel.

Hochpreisige Produkte sollten prestigeträchtig sein. Wenn ich 5000 Dollar für eine Rolex ausgegeben habe, dann möchte ich, dass meine Freunde und Nachbarn auch wissen, dass ich eine Rolex trage. So kann ich ihnen demonstrieren, dass ich erfolgreich bin. Das Gleiche gilt für teure Autos. Obwohl sie es nie zugeben würden, ist der Grund, warum Menschen 50.000 Dollar für ein Auto ausgeben, dass sie ihre Freunde und Nachbarn beeindrucken wollen. Was sagt ein hoher Preis über das Produkt aus? Dass das Produkt viel wert ist. Um es auf den Punkt zu bringen: Der hohe Preis wird zu einem produktinhärenten Nutzen.

Späte Markteinsteiger versuchen im Allgemeinen, über den Preis zu konkurrieren. Wenn es einen starken, etablierten Marktführer gibt, greifen neue Markteinsteiger meistens zur Niedrigpreisstrategie. Und nun gilt es zu vermeiden, dass sie sich im Markt etablieren. Also solltest du so schnell wie möglich darauf reagieren. Das führt uns zu der nächsten Preisregel.

Hohe Preise und hohe Gewinnmargen ziehen Wettbewerber an. Wie die Bienen den Honig werden deine Konkurrenten deinen Erfolg förmlich riechen und in Scharen herbeieilen, um sich ein Stück vom Kuchen abzuschneiden. Clevere Unternehmen reizen die Obergrenze nicht aus. Stattdessen halten sie ihre Preise niedrig, um den Markt schließlich zu dominieren und neue Wettbewerber abzuschrecken. Microsoft ist ein gutes Beispiel dafür. Einer meiner besten Schüler auf diesem Gebiet war Bill Gates. Das ist der Grund, warum Microsoft seine Software quasi verschenkt: um seine marktbeherrschende Stellung zu wahren beziehungsweise einen Wettbewerber in die Knie zu zwingen. Gates' Problem ist, dass er seine Wettbewerber zu sehr in die Mangel genommen hat, so dass schließlich die staatlichen Behörden seinen Marketingmethoden Einhalt gebieten. Das ist nie ratsam.

Eine andere wichtige Regel lautet: Es ist schwer, mit niedrigen Preisen zu siegen. Sich über hohe Preise zu positionieren ist eine Sache, eine Niedrigpreisstrategie zu verfolgen eine ganz andere. Nur sehr wenige Unternehmen werden mit diesem Ansatz wirklich froh, und zwar einfach deshalb, weil alle ihre Wettbewerber jederzeit zum Stift greifen und ihre Preise ebenfalls senken können. Und hier liegt dein Vorteil verborgen. Michael Porter, der berühmte Strategieexperte und Professor der Harvard Business School, sagte einmal: ‚Preise zu reduzieren ist Wahnsinn, wenn die Wettbewerber ihre Preise auf das gleiche Niveau drücken können.'

Und schließlich: Preise können fallen. Angesichts wachsender Kapazitätsüberhänge, fallender Wechselkurse und zunehmenden Wettbewerbsdrucks haben sich die alten Regeln geändert. Vor allem bei Rohstoffen fallen die Preise. Das kann ein Aufruf zur Entwicklung neuer Strategien sein, zum Beispiel indem man den Mehrwert der Produkte steigert oder einzigartige Möglichkeiten zur Kostenreduzierung findet."

B.J. unterbrach seine Notizen und fragte: „Was macht man, wenn man Rohstoffe verarbeitet und das Angebot größer ist als die Nachfrage?"

„Ich erzähle dir dazu eine Geschichte", antwortete der Geist.

Der Turnaround von Alcoa

„Wie du weißt", begann der Geist, „war der Stahlbauer Alcoa stark vom Auslandswettbewerb bedroht. Aluminium und Stahl galten als in den USA nicht profitabel herstellbar. Das führte dazu, dass das Management in andere Gebiete diversifizierte. Wir Geister wussten, dass das nicht gut gehen konnte. Aluminium herzustellen, war Alcoas Kernkompetenz." Mit einem breiten Grinsen fuhr der Geist fort: „Aber 1988 übernahm ein neuer CEO das Steuer, der von allen möglichen Branchen ausgerechnet aus Regierungskreisen kam. Da er weder von Marketing noch von Aluminium einen blassen Schimmer hatte, sahen wir eine Chance, ihm zu helfen."

„Sprichst du etwa von Paul O'Neill, unserem letzten Finanzminister?", unterbrach ihn B.J.

„Genau der", bestätigte der Geist.

„Willst du damit etwa sagen, dass du ihn gecoacht hast?", fragte B.J. verblüfft.

„Wieso überrascht dich das?", entgegnete der Geist. „Er brauchte Unterstützung und wir sahen in Alcoa ein großes Turnaround-Investment."

„Was hast du ihm zur Lösung seines Marketingproblems geraten?", wollte B.J. wissen. „Nun, wir haben ihn durch einen einfachen Prozess begleitet, der allen Marketingproblemen zugrunde liegt, insbesondere wenn der Preis eine große Rolle spielt."

Der Realitätsprozess

„Zuerst mussten wir ihn dazu bringen, der Realität ins Auge zu sehen", fuhr der Geist fort. „Denn darum geht es im Marketing. Die Menschen machen große Fehler, wenn sie denken, sie müssten sich einfach nur mehr anstrengen oder clever sein oder Ziele setzen. In diesem Fall bedeutete die Realität, zu erkennen, dass sie niemanden davon überzeugen konnten, mehr Aluminium zu kaufen. Das mussten sie einfach akzeptieren. Als Nächstes mussten sie sich mit dem Wettbewerbsfaktor auseinander setzen. Und sie hatten einige wirklich mächtige Wettbewerber."

„Was sagte O'Neill das?", fragte B.J.

„Es sagte ihm, dass er angesichts dieser Wettbewerbssituation unmöglich die Preise anheben konnte", erwiderte der Geist. „Die Erkenntnis und Akzeptanz dieser unumstößlichen Tatsache brachte ihn dazu, zu überlegen, was er tun musste, um sein Aluminium mit Gewinn zu verkaufen."

„Und welche Lösung hat er sich ausgedacht?", bohrte B.J. weiter.

Der Geist beugte sich aus dem Computer und antwortete gelassen: „Die Antwort war einfach. Alcoa musste seine Kosten senken, indem es die Produktivität seiner Arbeitskräfte erhöhte."

„Das liegt nahe", entgegnete B.J. „Da wäre sogar ich drauf gekommen."

„Aber jetzt folgt der eigentliche Clou. Bei genauer Betrachtung der Produktivität entdeckte O'Neill, dass die Arbeitssicherheit ein riesiges Kostenproblem darstellte. Insbesondere da die Stahlkocher in unmittelbarer Nähe glühend-schmelzender Lava und lebensgefährlicher Hochöfen arbeiten. Sein entscheidender Schritt: Er sorgte dafür, dass Alcoa zum sichersten Arbeitsplatz der gesamten Branche wurde. Dadurch konnte er die Stahlkocher überzeugen, dass sie dem Unternehmen ernsthaft am Herzen lagen. Als Folge stieg die Produktivität dramatisch an. Eine verbesserte Produktivität ist der beste Weg, um in einem Rohstoffmarkt erfolgreich zu sein."

Die Ergebnisse

B.J. konnte der Versuchung nicht widerstehen, Zahlen ins Gespräch zu bringen. „Hat das zu einer Ergebnisverbesserung geführt?", wollte er wissen.

Der Geist grinste: „Okay, wie klingt das: Innerhalb von zwölf Jahren konnte O'Neill seinen Anteil am Weltmarkt verdoppeln und die Zahl seiner Beschäftigten vervielfachen. 1993 erzielte Alcoa einen Gewinn von 4,8 Millionen Dollar. Im Jahr 2000 kletterte der Gewinn auf 1,5 Milliarden Dollar. Nicht schlecht, wie er seinen Weg aus der Preisfalle gefunden hat, oder?"

B.J. fasste zusammen, was er gelernt hatte: „Also, der Schlüssel zur Preisfindung liegt darin, herauszufinden, was potenzielle Käufer für den differenzierenden Nutzen, den du ihnen bietest, zu zahlen bereit sind."

„So ist es", sagte der Geist. „Denk aber immer daran, dass Kunden etwas mehr zu zahlen bereit sind, nicht viel mehr. Wichtig ist, dass du dich innerhalb der in deinem Markt definierten Preisgrenzen bewegst."

B.J. gibt die Preisrichtlinien bekannt

Am nächsten Tag übertrug B.J. seine Notizen und gab die Preisrichtlinien in einem Memo an alle, die im Unternehmen in die Preisfindung involviert waren, bekannt. In den folgenden Meetings wurden Preissenkungen kaum noch erwähnt, dafür wurden Themen wie Differenzierung vom Wettbewerb und mögliche Zusatznutzen diskutiert. B.J. war sehr angetan. Im tiefsten Innern wusste er, dass dies sowohl das Betriebsergebnis wie auch seine Chancen, sich auf dem Chefsessel zu behaupten, verbessern würde.

Der weise Geist des Marketing:

Der Preis ist das, was Kunden für den differenzierenden Nutzen deines Produkts zu zahlen bereit sind und was dein Wettbewerber zulässt.

6

Kapitel

Hat Wachstum Grenzen?

„Was Ihre Börsennotierung betrifft, ist ein
Anstieg natürlich gut, ein steiler Anstieg ist
besser und ständige Höchstbewertungen
sind das Beste."

D ann hatte B.J. seinen ersten Conference Call mit den Analysten der Wall Street. Bevor er zum Vorstandsvorsitzenden ernannt worden war, hatte er viel Zeit damit zugebracht, die Zahlen für seinen Vorgänger aufzubereiten. Nun saß er auf dem heißen Stuhl und musste Fragen dazu beantworten, wie er den verschiedenen Produktlinien zum Wachstum zu verhelfen gedachte. Denn „Wachstum" war das Einzige, was die Analysten hören wollten. Wenn es sich nicht zufrieden stellend entwickelte, war die Enttäuschung in ihren Stimmen unüberhörbar. Sollte aber gar von einem „Rückgang" die Rede sein, konnte man förmlich spüren, wie sie auf dem Sprung waren, um die Aktien von United Widgets los zu werden.

Je enthusiastischer er das Wachstumspotenzial jeder Produktlinie schilderte, desto mehr fragte er sich, wie wahrscheinlich seine Prognosen eigentlich waren – und ob es überhaupt sein konnte, dass alles stets immer nur bergauf ging. Beging das Unternehmen womöglich schwere Fehler, um für ständiges Wachstum zu sorgen? Gab es vielleicht Wachstums-grenzen? Das klang nach einer Frage, die am besten der Geist beantworten konnte.

Wachstum und der weise Geist des Marketing

„Allerdings gibt es Wachstumsgrenzen", antwortete der Geist barsch. „Milton Friedman hat das perfekt formuliert:

Es gibt keine dringende Notwendigkeit zu wachsen. Es gibt den dringenden Wunsch zu wachsen.

Die meisten schlechten Marketingstrategien sind von diesem Wunsch getrieben, der wiederum von der Börse getrieben wird, die ihrerseits von Gier getrieben ist. CEOs sind so versessen auf Wachstum, weil sie ihren Stuhl sichern, ihre Boni und Aktienoptionen steigern und ihrem Renommee mehr Glanz verleihen wollen." „Gib mir ein Beispiel", bat B.J.

„Okay. Denk mal an Cisco, ein ehemaliger Börsenliebling, der innerhalb eines Jahres 88 Prozent seines Werts verloren hat. Cisco hatte ein tolles Computersystem, mit dem seine Marketingexperten Angebot und Nachfrage für ihre Produkte im Voraus bestimmen konnten. Dem lag aber stets die Annahme zugrunde, beides würde wachsen. Nach 40 aufeinander folgenden Quartalen linearen Wachstums nahmen sie das Wachstum als eine Selbstverständlichkeit hin. Zu einem Zeitpunkt, da der Markt für Netzausrüster zusammenbrach, prognostizierte ihr daueroptimistischer CEO John Chambers ein jährliches Wachstum von 50 Prozent. Vier Monate später musste Cisco 2,5 Millarden Dollar an Lagerüberhängen abschreiben. So viel zum Thema ‚ständiges Wachstum'."

Der Geist lehnte sich aus dem Computer, sah B.J. eindringlich in die Augen und warnte: „Wenn du für Zahlen lebst, dann wirst du an Zahlen sterben. Als Zahlenakrobat fällt es dir vielleicht schwer, das zu glauben, aber genauso ist es. Ein anderes Problem ist, wenn man allen alles bieten will. Das verschleißt Ressourcen, die du auf die wichtigsten Ziele konzentrieren solltest, auf Nebenschauplätzen. Entscheidungen fallen wesentlich leichter, wenn du dich auf eine Sache konzentrierst."

Hör auf, wie gebannt auf den Aktienkurs zu starren

„Ein häufiges Problem ist, dass die Unternehmensführung oft wesentlich mehr auf den Aktienkurs als auf den Markt fixiert ist", fuhr der Geist fort. „Viele Top-Manager sind im Besitz von Aktienoptionen, die eine Kultur verantwortungsloser Habgier hervorgebracht hat. Das resultiert in kurzfristig orientiertem Denken und Handeln und verhindert langfristig ausgerichtete Marketingpläne. Einer meiner Protegés war Darwin Smith von Kimberley-Clark. Er erkannte, dass die jährliche Gewinnprognose für die Börse dazu führte, dass Top-Manager in Quartalen dachten. Also hörte er einfach auf damit. Smith war dabei, das Unternehmen von einer Papiermühle in ein Konsumgüterunternehmen zu verwandeln. Und das brauchte Zeit."

Hier unterbrach ihn B.J.: „Halt mal, hilfst du mir nicht, damit unser Aktienkurs steigt und so der Wert eures Geisterfonds steigt? Wenn ich die Börsenanalysten vergraule, wird eure Investition in United Widgets den Bach runtergehen."

„Wir sind langfristig ausgerichtete Investoren", korrigierte ihn der Geist, „so wie Warren Buffett, und wir ermutigen das Top-Management dazu, die Marktposition ihres Unternehmens zu verbessern. Top-Manager mit Aktienoptionen denken üblicherweise von Quartal zu Quartal. Eigentlich haben wir kein Interesse daran, Aktien zu verkaufen. Das machen wir nur, wenn wir zu der Überzeugung gelangen, dass das, was das Unternehmen vorhat, seinen Markterfolg beeinträchtigt. Ich habe Steve Case von AOL beraten, bis er entgegen meiner Bedenken das Unternehmen Time gekauft hat. Ich konnte absolut keinen Grund erkennen, der für die Fusion sprach. Also empfahl ich unserem Fonds, die AOL-Aktien abzustoßen. Dieser Unsinn über ‚Synergieeffekte' hat mich noch nie überzeugt."

Konzentriere dich auf dein Image

Eine Minute lang dachte B.J. nach. Dann sagte er: „Alles klar. Wie lauten die Grundregeln für das Wachstum einer Marke? An welchem Punkt beginnt man, zu viel des Guten zu tun?"

„Eine Marke lebt innerhalb der Wahrnehmung, die Menschen von ihr haben. Wenn du zulässt, dass die Börse dich dazu zwingt, die Marke über die Grenzen, die diese Wahrnehmung setzt, zum Wachstum zu bringen, dann befindest du dich auf dem Irrweg. Ich erkläre dir das am Beispiel von zwei Unternehmen derselben Branche. Dann wirst du besser verstehen, was ich meine. Das ist die Geschichte zweier Automobile."

BMW versus Mercedes

„Ich bin schon immer ein Bewunderer deutscher Autos gewesen", offenbarte der Geist. „Deshalb hatte ich beschlossen zu versuchen, Mercedes oder BMW bei ihren Marketinganstrengungen zu unterstützen. Sie stellen beide großartige Autos her, aber nur ein Unternehmen betreibt auch ein großartiges Marketing."

„Lass mich raten", unterbrach ihn B.J., „du hast dich für BMW, das ultimative Fahrzeug, entschieden." „Ja, genau", bestätigte der Geist. „Jürgen Schrempp ist nicht der Mann, der Ratschläge entgegennimmt. Er ist davon überzeugt, dass er durch die Kombination von einer Luxus- und einer Massenmarke und die Möglichkeit, Synergien bei Teilen und Entwicklungskosten auszunutzen, seine Wettbewerbsposition verbessern kann. Also wurde Mercedes zu DaimlerChrysler und das war der Anfang vom Drama. Die Entwicklungsingenieure in Stuttgart werden sich ihren Kollegen in Detroit immer überlegen fühlen."

„Nach all der schlechten Presse hätte ich erwartet, dass er gerne Hilfe angenommen hätte", wunderte sich B.J. „Seine Vorstellungen von Hilfe bestanden darin, dass er das Management reorganisierte und seine neue Ehefrau an eine Schlüsselposition hievte", erwiderte der Geist lachend.

„Aber das Unternehmen verkauft doch immer noch diese technisch großartigen Autos", unterbrach ihn B.J. „Selbst die Autos nehmen Schaden, denn Mercedes wird in Qualitätsuntersuchungen nicht nur von den Japanern geschlagen, sondern auch von Jaguar und gelegentlich sogar von Lincoln und Cadillac."

„Wie peinlich", murmelte B.J.

„Dagegen hält BMW an seiner Fokussierung auf das Premium-Segment fest", konstatierte der Geist. „BMW glaubt daran, dass eine Expansion in den Massenmarkt sein Image als Luxusmarke beschädigen würde."

„Berätst du BMW?", fragte B.J.

„Ich habe Joachim Milberg beraten", antwortete der Geist, „und dann Helmut Panke, als er noch Finanzvorstand war, aber schon feststand, dass er Milbergs Nachfolger werden würde. Auf diversen Pressekonferenzen hat er stets betont, dass man am Luxusimage festhalten müsse, wenn man sich im Premium-Segment bewege. Daraufhin haben wir unseren Aktienbestand aufgestockt. Helmut Panke weiß, wovon er redet."

„Wie sehen die Zahlen aus?", wollte B.J. wissen. „Ich freue mich, dass du danach fragst", sagte der Geist. „Während DaimlerChrysler 662 Millionen Euro verlor, stieg BMWs Reinertrag um 50 Prozent auf 1,87 Milliarden Euro. BMW ist ein exzellentes Beispiel für die Konzentration auf das Markenimage."

Realitätssinn

„Wie kann ich verhindern, dass ich in die Wachstumsfalle tappe?", fragte B.J.

„Darauf gibt es eine einfache Antwort: Sei realistisch in deiner Planung und deinen Versprechungen. Denk immer daran, dass du von Wettbewerbern umgeben bist, die nur darauf warten, dir Marktanteile abzujagen."

„Aber ich muss doch Ziele setzen, um meine Mitarbeiter zu motivieren", entgegnete B.J. „Wir können doch nicht bloß sagen: ‚Bringt einfach die gleichen Zahlen wie letztes Jahr.'" Der Geist fixierte B.J. und antwortete: „Du musst eben realistische Ziele setzen, die sich nach einer brillanten Definition von Frank Typer ‚außerhalb deines Zugriffs, aber innerhalb deiner Reichweite' befinden. Du musst einsehen, dass das Unmögliche eben unmöglich ist. Und du willst auf keinen Fall, dass ‚das Unmögliche zu denken' Eingang in deine Marketingpläne findet. Stattdessen sollte dein Ziel sein, innerhalb der Grenzen, die die Wahrnehmung deiner Marke bestimmt, mehr zu verkaufen. Du kannst zum Beispiel zusätzliche Produktformen anbieten, vorausgesetzt, deine potenziellen Kunden können damit etwas anfangen. BMWs gibt es in den unterschiedlichsten Varianten, aber alle sind Premium-Fahrzeuge. Porsche ist ein berühmter Sportwagen. Der Versuch, einen Geländewagen der Marke Porsche zu verkaufen, ergibt keinen Sinn. Ein Viertürer mit Heckklappe ist blanker Unsinn."

„Dann bist du gegen das, was man als ‚Mega-Brand' bezeichnet, die auf eine ganze Bandbreite an Produkten übertragbar ist", stellte B.J. fest.

„Je mehr Dinge du zu sein versuchst, desto mehr verwässerst du deine Marke und desto schwieriger wird es, dein Produkt von anderen Produkten abzugrenzen", antwortete der Geist. „Mark Twain hat einmal ganz richtig gesagt: ‚Ich kann dir keine Erfolgsformel liefern, aber ich kann dir eine Formel für den sicheren Misserfolg geben: Versuche es allen recht zu machen.'"

B.J. fasst zusammen

„Also gut, dann lass mich das noch einmal rekapitulieren", sagte B.J. „Um das Wachstum einer Marke zu fördern, muss man sich innerhalb der Wahrnehmung bewegen, die Menschen von der Marke haben. Macht das, was ich mit der Marke vorhabe, für meine Kunden Sinn? Passt es zum Markenimage? Außerdem muss ich realistische Pläne erstellen, also was ich tun kann, anstelle von dem, was ich tun möchte. Und ich darf nicht zulassen, dass die Börse unsere Strategie bestimmt." Der Geist lächelte: „Ich sehe, du hast es verstanden, aber du musst auch den Mut haben, deine Überzeugungen zu vertreten, insbesondere bei deinem nächsten Gespräch mit den Analysten."

Und damit verdunkelte sich der Bildschirm.

B.J. dachte kurz nach und rief dann seine Assistentin. „Berufen Sie bitte eine Konferenz mit den Leitern der Geschäftssparten ein. Und sorgen Sie auch dafür, dass unser Investor-Relations-Manager dabei ist."

Die neue Politik

„Meine Damen und Herren", begann B.J., „ich möchte Ihnen unsere neue Finanzpolitik vorstellen. Ich nenne sie brutale Offenheit. Folglich möchte ich nichts anderes sehen als ungeschminkte und realistische Prognosen für unser Geschäft. Ich behaupte nicht, dass mich schlechte Zahlen kalt lassen werden, aber sollten Sie schlechte Zahlen präsentieren, dann tun Sie gut daran, eine vernünftige Erklärung und Vorschläge zur Lösung des Problems parat zu haben." Jemand unterbrach ihn: „Und was werden die Analysten dazu sagen?" „Auch gegenüber der Börse werden wir schonungslos aufrichtig sein", erwiderte B.J. „Nach Enron, Global Crossing, WorldCom und den anderen Skandalen werden sie die Wahrheit vermutlich zu schätzen wissen. Und wenn sie ihnen nicht gefällt, dann ist das ihr Problem. Wir werden das Unternehmen so führen, wie wir es für richtig halten, und nicht, wie sie es uns vorschreiben wollen."

Damit wandte er sich zur Tür und verließ den Raum.

Der Investor-Relations-Manager drehte sich zu seinen Kollegen: „Wer hätte gedacht, dass ein Erbsenzähler eine solche Rede halten würde?"

Der weise Geist des Marketing:

Erfolgreiche Unternehmen sind niemals von Wachstum besessen. Sie sind davon besessen, erfolgreich im Markt zu sein.

Kapitel

Was zeichnet eine effektive Marktforschung aus?

*„Diese Methode erforscht Dinge, über die
Ihnen die Verbraucher nichts sagen können, weil sie ihnen unbekannt sind."*

Aufgrund seines finanziellen Backgrounds liebte es B.J., sich in Budgets hineinzuknien und irgendwelche eliminierfähigen Posten aufzuspüren. Bei intensiver Beschäftigung mit dem Budget für das folgende Jahr stieß er unter der Bezeichnung „Marktforschung" auf eine sehr große Summe. Er fragte sich, warum dafür eine derartig hohe Summe veranschlagt worden war. Also setzte er eine Besprechung mit seinen Marktforschern an. Es waren keine fünfzehn Minuten vergangen, als B.J. klar wurde, dass er sich auf ziemlich dünnem Eis bewegte, was seine Bemühungen betraf, einige der Techniken zu verstehen, für die seine Research-Truppe so viel Geld auszugeben drohte. Neben den üblichen schriftlichen Befragungsbögen und den Fokusgruppen war die Rede von einigen ziemlich exotisch anmutenden Techniken, die sie antesten wollten. Eine davon nannte sich die „ethnographische Methode", bei der Marktforscher eine ausgewählte Familie auf Schritt und Tritt mit einer Kamera verfolgen, um so sensorische Hinweise auf Kaufmotivation und -verhalten zu erhalten. B.J. konnte einfach nicht glauben, dass irgendeine Familie so etwas zulassen würde, und wenn sie es täte, wären ihre Äußerungen sicherlich nicht glaubwürdig, da sie mit großer Wahrscheinlichkeit entweder ausgemachte Exhibitionisten oder einem Irrenhaus entsprungen waren.

Dann war noch die Rede von der so genannten „Zaltman Metaphor Elicitation Technique", einer explorativen Methode, mit deren Hilfe Dinge ans Licht gebracht werden sollen, die sich im Unterbewussten abspielen und die die Testpersonen nicht nennen können, weil sie sich ihrer eben nicht bewusst sind. Als B.J. hörte, dass er Gelder für die Erforschung von Dingen bewilligen sollte, von denen niemand etwas wusste, stand er auf und erklärte die Besprechung für beendet. Das war eindeutig ein Fall für seinen geistförmigen Berater.

Marktforschung und der weise Geist des Marketing

„Das, was ihr als Marktforschung bezeichnet, verblüfft sogar mich", schüttelte der Geist den Kopf. „Die Zeit, die Energie und das Geld, das Menschen aufbringen, um in den Köpfen anderer Menschen herumzustöbern, ist äußerst erstaunlich. Vor allem wenn man bedenkt, dass es offensichtlich nicht vielen Unternehmen, die sich in Schwierigkeiten befinden, hilft."

„Das ist in der Tat eine gute Beobachtung", erwiderte B.J., „Was ist da eigentlich los?"

Der Geist grinste. „Ich habe mich mal näher damit beschäftigt und mehrere Gründe dafür gefunden. Erstens machen die Marktforscher ihre Berichte elend lang und komplex, weil sie ihre hohen Gehälter beziehungsweise Honorare rechtfertigen müssen. Als Ergebnis lesen die Top-Manager diese Berichte nicht oder sie lesen nur die, die ihnen das bestätigen, was sie sowieso vorhatten. Aber das ist noch nicht alles. Werbeagenturen brüten gerne Research-Methoden aus, mit denen sie ihre Kunden beeindrucken können. Dann schwärmen sie von ‚Brand Optimization Maps' oder ‚Brand Footprints'. Und sie stellen alberne Fragen über die Markenpersönlichkeit, zum Beispiel dass man sich vorstellen solle, wie eine Marke sich anziehen würde oder welche Art von Party sie schmeißen würde, wenn sie ein Mensch aus

Fleisch und Blut wäre."

B.J. war ein wenig erschüttert. „Soll das heißen, die ganze Marktforschung ist eigentlich überflüssig und ich kann sie komplett streichen?", fragte er verunsichert. „Ganz so einfach ist es natürlich nicht", antwortete der Geist, „aber lass uns zuerst die menschliche Natur betrachten. Das größte Problem besteht nämlich darin, Menschen brauchbare Informationen zu entlocken. Mark Twain hat das einst sehr treffend formuliert:

‚Ich glaube, wir werden erst in dem Augenblick ganz und gar wir selbst, da wir tot sind, und dann auch erst nach vielen Jahren. Menschen sollten ihre Existenz mit dem Tod beginnen, dann würden sie viel früher aufrichtig sein.'

Das erste große Problem bei der Marktforschung ist, dass Menschen nicht wirklich aufrichtig sind", fasste der Geist zusammen.

Wenn Worte und Taten nicht übereinstimmen

Hier redete sich der Geist in Fahrt: „Marktforscher mögen zwar versprechen, Einstellungen aufzudecken, diese sind aber kein verlässlicher Indikator für das tatsächliche Verhalten. Oft behaupten Menschen das eine, tun aber dann etwas ganz anderes. Wenn du Verbraucher danach fragst, warum sie einen bestimmten Kauf getätigt haben, sind die Antworten meist weder präzise noch sonstwie hilfreich. Deshalb sind die so genannten Fokusgruppen so überflüssig wie ein Kropf." Um seinen Worten mehr Nachdruck zu verleihen, lehnte sich der Geist weit aus dem Computer. „Das kann heißen, dass die befragten Kunden sehr wohl wissen, warum sie etwas gekauft haben, es dir aber nicht sagen wollen. Meistens wissen sie jedoch selber nicht, was genau sie zum Kauf motiviert hat. Selbst wenn es um die Wiedererkennung geht, ist das menschliche Gehirn unzuverlässig und neigt dazu, sich an Dinge zu erinnern, die es gar nicht mehr gibt. Oft bleibt der Wiederkennungswert einer etablierten

Marke über lange Zeiträume sehr hoch, selbst wenn sie nicht mehr beworben wird. Vor 20 Jahren wurde eine Awareness-Studie über Haushaltsmixer durchgeführt, in deren Rahmen Verbraucher alle Markennamen nennen sollten, die sie kannten. Dabei landete General Electric an zweiter Stelle – obwohl GE in 20 Jahren nie auch nur einen einzigen Mixer hergestellt hatte. Vor einigen Jahren gab DuPont eine Studie in Auftrag, bei der 5000 Frauen vor den Supermarkteingängen dazu befragt wurden, welche Produkte sie einkaufen würden. Wenn man sich auf ihre Aussagen verlassen hätte, hätte man ganz schön in der Patsche gesessen!"

„Wieso das?", wunderte sich B.J.

„Weil die Interviewer dieselben Frauen nach Verlassen des Supermarkts erneut befragt haben. Dabei stellte sich heraus, dass nur drei von zehn Frauen tatsächlich die Produkte gekauft hatten, von denen sie vorher angegeben hatten, dass sie sie kaufen würden. Sieben hatten zu völlig anderen Produkten gegriffen", erklärte der Geist.

Kaufen, was alle kaufen

B.J. sah den Geist an und fragte: „Willst du damit etwa sagen, dass alle Kaufentscheidungen rein zufällig sind und es keinerlei nachvollziehbare Muster für das Kaufverhalten gibt?" „Das habe ich nicht gesagt", entgegnete der Geist, „aber was die meisten Marketingexperten übersehen, ist die Tatsache, dass Menschen häufig das kaufen, von dem sie denken, dass ‚man' es einfach haben muss. Sie folgen dem Herdentrieb. Einer der interessantesten Texte zu diesem Herdentrieb stammt von Robert Cialdini, einem renommierten Professor für Psychologie an der Arizona State University. Er spricht vom ‚Prinzip der sozialen Bestätigung' als einem schlagkräftigem Einflussfaktor:

Dieses Prinzip besagt, dass wir bestimmen, was richtig ist, indem wir herausfinden, was andere Menschen als richtig ansehen. Dieses

Prinzip gilt insbesondere für unsere Definition von korrektem Verhalten. Wir sehen ein bestimmtes Verhalten dann als korrekt an, wenn wir sehen, dass andere sich ebenfalls so verhalten.

Nachdem ich die letzten 3000 Jahre Gelegenheit hatte, Menschen zu beobachten, bin ich davon überzeugt, dass sie nicht wissen, was sie wollen. Warum sie also fragen?"

Eine Momentaufnahme der Wahrnehmungen

B.J. fühlte sich allmählich ziemlich frustriert und murrte: „Was kann man Menschen dann überhaupt fragen, das irgendwie von Nutzen wäre?"

„Am besten versuchst du, eine Momentaufnahme ihrer Wahrnehmungen zu erzielen. Keine tief schürfenden Gedanken. Die einzigen Dinge, auf die die Menschen im Allgemeinen tiefere Gedanken verschwenden, sind ihre Gesundheit, ihr Geld oder ihr Sexualleben", erklärte der Geist. „Du willst lediglich wissen, was deine Zielgruppen als Stärken und Schwächen deiner Wettbewerber wahrnehmen. Meine bevorzugte Research-Methode ist die Auflistung der grundlegenden Eigenschaften einer Produktkategorie, verbunden mit der Aufforderung, die Testpersonen mögen sie auf einer Skala von 1 bis 10 bewerten, und zwar je Wettbewerber. Das Ziel ist, herauszufinden, mit welchem Schlagwort oder welcher Wahrnehmung jeder Wettbewerber assoziiert wird."

„Kannst du mir ein Beispiel dafür geben?", fragte B.J.

„Nehmen wir zum Beispiel Zahnpasta", sagte der Geist. „Es gibt eine ganze Reihe von Eigenschaften, die mit Zahnpasta in Verbindung gebracht werden: Vorbeugung gegen Karies, Zahnfleischschutz, Geschmack, Weißmacher, frischer Atem, natürliche Inhaltsstoffe und eine moderne Technologie. Crest hat sich auf die Vorbeugung gegen Karies spezialisiert, Aim auf guten Geschmack, UltraBrite auf weißere Zähne und Close-Up auf frischen Atem. In den letzten Jahren hat Tom's aus Maine als Erster das Thema natürliche Inhaltsstoffe besetzt und Mentadent hat sich über Baking Soda und Peroxid-Technologie positioniert. Topal steht für die Entfernung von Raucherflecken und Colgate ist seit kurzem wieder Marktführer mit der Marke Total, die gleich drei Eigenschaften vereinigt: Kariesprophylaxe, Zahnfleischschutz und antibakterielle Wirkung."

„Jede Marke steht für eine Eigenschaft, richtig?", unterbrach ihn B.J.

„Das trifft jedenfalls für die erfolgreichen Marken zu", antwortete der Geist. „Der Trick besteht darin, im Voraus zu definieren, über welche Eigenschaft du dein Produkt in der Wahrnehmung der Verbraucher positionieren willst. Die Marktforschung sollte dir dabei als Wegweiser in die Köpfe der Verbraucher mit ihrer Wahrnehmung über deine Wettbewerber dienen."

B.J. ließ all das langsam auf sich wirken und versuchte dann zu rekapitulieren, was der Geist ihm erklärt hatte. „Eine gute Marktforschung verschwendet keine Zeit auf den Versuch, herauszufinden, was Menschen wollen oder was in ihrer Psyche vor sich geht. Sie beschränkt sich darauf, zu messen, wie sie dein Produkt im Vergleich zu denen deiner Wettbewerber wahrnehmen."

„So ist es", lächelte der Geist. „Dennoch muss ich dich noch vor etwas anderem warnen, das vielen Unternehmen enorme Probleme bereitet hat."

„Und zwar?", fragte B.J.

Einige Gedanken über die Zukunft

„Selbst bei größter Kraftanstrengung kann nicht einmal ich die Zunkunft vorhersagen", fuhr der Geist fort. „Trotzdem zielt ein großer Teil der Marktforschung genau darauf ab. Die Geschichte ist gepflastert mit kühnen Vorhersagen, von denen keine Wirklichkeit wurde. Aus diesem Grund ist die Erforschung neuer Ideen beinahe unmöglich. Menschen können Dinge erst dann beurteilen, wenn sie sie gesehen und erlebt haben und bemerken, dass andere Menschen sie kaufen. Deswegen habe ich Chester Carlson, dem Erfinder der Xerographie – also der Kopiertechnik – auch geraten, die Ergebnisse der Marktforschung zu ignorieren, die besagten, dass kein Mensch jemals 5 Cents für eine Kopie ausgeben würde. Er hörte auf mich und der Rest ist Geschichte."

„Du hast Xerox beraten?", fragte B.J. erstaunt. „Allerdings", grinste der Geist, „das war der erste große Star unseres Fonds. Gott sei Dank haben wir die Aktien verkauft, als ein neuer CEO, McColough, beschloss, in den Computerbereich zu expandieren. Es war wirklich keine Marktforschung nötig, um festzustellen, dass das nie gut gehen konnte."

„Willst du mir damit sagen, dass ich praktisch von Tag zu Tag planen soll?", fragte B.J. „Nicht ganz. Trends aufzuspüren ist das Beste, was du zum Thema Zukunft tun kannst. Die Gesundheitswelle in den USA ist mit Sicherheit ein Trend, von dem eine ganze Reihe an Produkten profitiert haben. Denk nur an die ganze Werbung für alle möglichen Gesundheitsmittel. Und der Wunsch der Baby-Boomer-Generation, jünger auszusehen, hat zu einem explosionsartigen Anstieg des Wellness-Geschäfts geführt. Letztes Jahr haben 95 Millionen Amerikaner ein Spa-Zentrum besucht. Die Trendforschung hat aber auch ihre Tücken. Der am meisten verbreitete Fehler ist die Extrapolation eines Trends. Laut der Vorhersage der letzten Jahre bezüglich des Konsums von rotem Fleisch müsste heute jeder gekochten Fisch oder gegrillten Fisch Texas-Style essen. Stattdessen hat der Verbrauch von rotem Fleisch zugenommen. Basisgewohnheiten verändern sich nur sehr langsam und die Presse bauscht kleine Veränderungen häufig übermäßig auf. Genauso falsch wie die Extrapolation eines Trends ist die verbreitete Annahme, die Zukunft sei eine Wiederholung der Vergangenheit. Wenn du davon ausgehst, dass sich nichts verändert, kann die Prognose genauso zutreffend sein wie die Annahme, es würde sich etwas verändern. Denk daran, es geschieht immer das Unerwartete. Und das Unerwartete kann man nicht erforschen."

Damit verschwand der Geist und der Bildschirm verdunkelte sich.

Am nächsten Tag

Am darauf folgenden Tag trommelte B.J. seine Leute zusammen und verkündete, er habe beschlossen, den Marktforschungsetat um die Hälfte zu kürzen. In dem Moment, da alle zu jammern begannen, was nun aus ihren Projekten würde, sagte B.J., das Einzige, woran er interessiert sei, seien einige einfache Untersuchungen über die wesentlichen Merkmale in jeder Produktkategorie und ihre Bewertung auf einer Skala von 1 bis 10. Und falls sie darüber hinaus, wichtige Trends erforschen wollten, bitte schön. Aber alles andere sei überflüssig.

Als er den Raum verließ, blieb eine Gruppe von Marktforschungsexperten zurück, die Kindern glichen, denen man ihr Lieblingsspielzeug weggenommen hatte.

Der weise Geist des Marketing:

Gute Marktforschung ist unkompliziert, nicht tief gehend und konzentriert sich allein auf die Wahrnehmung. Und sie sollte ein gerüttelt Maß an gesundem Menschenverstand enthalten.

Kapitel

Wie lässt sich Werbung bewerten?

„Wir wollen nicht verkaufen, sondern eine emotionale Bindung zu den Verbrauchern herstellen."

Als ausgemachter Erbsenzähler war B.J. stets misstrauisch gegenüber Werbeausgaben. Er musste immer an das berühmte Zitat eines CEOs denken, dessen Namen er nicht kannte: „Ich weiß, dass die Hälfte meiner Werbeausgaben rausgeschmissenes Geld ist. Das Problem ist, dass ich nicht weiß, welche Hälfte es ist."

Zum ersten Mal in seinem Berufsleben sollte er riesige Budgets bewilligen und dies dem Vorstand gegenüber rechtfertigen. Daher fühlte er sich ziemlich unbehaglich, als sein Marketingvorstand anrief, um einen Termin mit der Werbeagentur auszumachen, bei dem er sich ein Bild über deren Vorschläge für das kommende Jahr machen sollte. Der Termin stand.

An dem besagten Tag fand sich eine vielköpfige Gruppe in B.J.s Konferenzraum ein. Jeder schien irgendeine Präsentation vorbereitet zu haben. Einige griffen auf Flipcharts zurück, andere hielten es mit PowerPoint. B.J., der so ganz ohne das Schutzschild einer Präsentation dasaß, fühlte sich ziemlich nackt. Mit fortschreitendem Verlauf entwickelte sich das Meeting zu einem wilden Durcheinander an Marktforschung, Objektivität, schönen Bildern und smarten, geschniegelten Menschen, die mit trendigem Branchenjargon um sich warfen, dem er nicht immer folgen konnte. Das Einzige, was er verstand, war, wie viel Geld die Produktion und Schaltung der Werbung kosten würde. So saß er da und hatte keinen blassen Schimmer, ob das Ganze nun nützlich oder unnütz war. Jedes Mal, wenn er eine Frage stellte, wurde er von zwei oder drei Leuten unterbrochen, die ihm eilfertig erklärten, warum das, was sie hier präsentierten, nicht nur richtig, sondern geradezu großartig war. Sein Marketingvorstand war ihm auch keine Hilfe. Eigentlich hätte man sogar meinen können, er gehöre zur Agentur. B.J. vermutete, dass er die Kampagne bereits gesehen und abgenickt hatte und sie daher nun genauso aggressiv zu verkaufen versuchte wie die Agentur. Was tun? B.J. erhob sich, dankte allen für ihr Kommen und ließ sie wissen, dass er es sich überlegen werde. Dann ging er schnurstracks zu seinem PC.

Werbung und der weise Geist des Marketing

Kaum, dass der Geist auf dem Bildschirm erschien, fragte er: „Hat dich das ganze Zeug verwirrt?" „Warst du etwa dabei?", fragte B.J.

„Nein", antwortete der Geist. „Das war nicht nötig, weil es sowieso immer dasselbe ist. Viele Charts, schöne Bilder, viel Rauch um nichts und wenig Strategie." „Das habe ich auch gemerkt", sagte B.J. trocken. „Sie wollen aber, dass ich für das, was du ‚viel Rauch um nichts' nennst, viel Geld ausgebe. Wie kriege ich heraus, was das eigentlich heißt?" Der Geist beruhigte ihn: „Nur mit der Ruhe. Ich gebe dir jetzt einen Schnellkurs in der Bewertung von Werbemaßnahmen."

„Erstens: Werbung macht man dann, wenn man mit seiner Zielgruppe nicht persönlich sprechen kann. Du machst einen TV-Spot oder eine Printanzeige, um deine Botschaft an die potenziellen Kunden zu bringen", erklärte der Geist. „Folglich muss jede Werbekampagne die Kommunikation des entscheidenden differenzierenden Produktmerkmals in den Mittelpunkt stellen. Warum soll jemand mein Produkt kaufen statt das meiner Wettbewerber? Was du auf keinen Fall gebrauchen kannst, sind inhaltslose Slogans. Deine gesamte Werbestrategie muss sich auf das differenzierende Produktmerkmal konzentrieren und den Nutzen, den es für deine Kunden bedeutet."

„Die Agentur hat aber gesagt, Werbung müsse eine emotionale Bindung herstellen", entgegnete B.J. „Sie müsse den Kunden sympathisch sein und das bedeutet dass man nicht zu aggressiv verkaufen dürfe." Der Geist lehnte sich weit aus dem Computer und erwiderte mit allem Nachdruck: „Das ist absoluter Mist. Oder wie wir früher zu sagen pflegten: Kameldung."

„Die grundlegende Aufgabe einer Werbeagentur besteht darin, das differenzierende Merkmal aufzugreifen und es durch Dramatisierung interessant zu machen", fuhr der Geist fort. „Menschen fühlen sich von den Medien aufgrund ihres Unterhaltungscharakters und ihres Informationswerts angezogen, und nicht, weil sie ganz verrückt danach sind, deine neueste Werbung zu sehen. Die Agentur kann Sex, Humor oder was auch immer einsetzen, aber sie muss eine Begründung liefern, warum jemand das Produkt kaufen soll. Wenn dir ihre Vorschläge gefallen haben, dann sag ja. Andernfalls fordere sie auf, den Nutzen stärker herauszustellen. Sympathische Werbung ist nur dann sinnvoll, wenn du erreichen willst, dass sich die Menschen die Spots wie einen Kinofilm als reines Kunstprodukt ansehen."

„Kannst du mir ein Beispiel für Werbung geben, die du gelungen findest?", bat ihn B.J. „Ich finde Pepsi-Colas Werbung für deren Mineralwassermarke Aquafina gut. Das differenzierende Merkmal ist garantierte Reinheit, die schon auf dem Label steht. Der Werbespot zeigt nichts anderes als reines Wasser und die Marke. Die verbale Botschaft beschreibt das Produkt als ‚pures Nichts' und eine Unterzeile sagt: ‚Wir versprechen nichts.' Das ist eine großartige Dramatisierung des Nichts." B.J., der ein wenig perplex war, dass der Geist so viel über Werbung wusste, fragte: „Und was noch?"

Aufrichtigkeit und Neuigkeitswert

„Nun", fuhr der Geist fort. „Werbung erkennt man sofort. Und nachdem Werbung immer eine Unterbrechung beim Fernsehen oder Lesen bedeutet, ist die Akzeptanz nicht besonders groß. Niemand lässt sich gerne verschaukeln. Ein wenig Offenheit kann da von großem Nutzen sein. Eine bestimmte Art der Aufrichtigkeit ist geradezu entwaffnend und die Menschen begegnen dir oft mit Wohlwollen, wenn du offen und ehrlich bist. Wenn dein Produkt optisch ein bisschen unattraktiv ist, dann gib es zu. Aber betone gleich im Anschluss, dass es dafür sehr zuverlässig ist. Es wird gekauft werden. Das ist genau das, was ich Bill Bernbach vor Jahren geraten habe, als er begann, den VW Käfer zu bewerben. Ich riet ihm, offen auszusprechen, dass das Auto ziemlich hässlich, dafür aber sehr verlässlich ist. Er und seine Agentur Doyle Dane Bernbach haben sich mit dieser Strategie eine goldene Nase verdient.

Eine der ehrlichsten und effektivsten aktuellen Kampagnen ist meiner Meinung nach die von Boar's Head, mit denen sie ihre 350 Delikatessprodukte bewerben. Sie vergleichen ganz offen ihre qualitativ hochwertigen Fleischprodukte mit denen ihrer Wettbewerber. Das Konzept ist ganz einfach: ‚Beinahe so wie Boar's Head ist eben nicht Boar's Head.' Damit ist es ihnen gelungen, die Verbraucher davon zu überzeugen, wesentlich mehr Geld auszugeben, um die bessere Qualität der Boar's Head-Produkte zu bekommen."

„Das leuchtet mir ein", stimmte B.J. zu. „Je offener und aufrichtiger man ist, desto eher sind die Verbraucher bereit, den Spot oder die Anzeige nicht als Werbung, sondern eher als Information zu betrachten."

„Und hier habe ich noch einen Tipp", ergänzte der Geist. „Versuch, deine Botschaft als große Neuigkeit hinzustellen. Menschen sind immer gierig auf Neuigkeiten. Auch das wirkt entwaffnend und führt dazu, dass sie ihre Abwehrhaltung aufgeben. Glaub mir, wenn du einen Werbespot machst, an dessen

Anfang eine Stimme sagt: ‚Bevor Sie umschalten, habe ich noch ein paar wichtige Neuigkeiten für Sie‘, wirst du jeden Fernsehzuschauer an seinen Sessel fesseln.“ „Aber was ist mit den ganzen dramatischen Visualisierungen, die mir die Werber verkaufen wollten? Sie haben immer wieder betont, dass sie unabdingbar sind, um die Aufmerksamkeit der Menschen zu wecken“, fragte B.J. zweifelnd. Der Geist ereiferte sich erneut: „Das Problem mit den dramatischen Visualisierungen ist, dass sie nicht nur Aufmerksamkeit wecken, sondern die Zuschauer von der eigentlichen Botschaft ablenken. Und wenn sie abgelenkt sind, hören sie auf zuzuhören beziehungsweise zu lesen. Dann kann man aber nichts verkaufen. Was hier stattfindet, nennt man visuelle Ablenkung. Wir Geister können ohne Tricks zaubern. Ein menschlicher Zauberer hingegen muss sein Publikum von dem ablenken, was wirklich passiert, um seine Tricks vorführen zu können. In der Werbung ist das aber äußerst schädlich. Tatsache ist, dass Werbeagenturen ganz versessen auf so genannte ‚kreativ andere Werbung‘ sind, um von anderen Werbern Preise und Auszeichnungen einzuheimsen. Für diese Werbung zahlst du dann zwar, die Auszeichnungen bringen dir aber keine müde Mark ein.“

Sei einfach, sei geduldig

„Ich beginne zu verstehen“, sagte B.J. „Gibt es vielleicht irgendwelche Richtlinien, an denen man sich orientieren kann?“ „Vermeide Komplexität“, antwortete der Geist. „Die Menschen gestehen dir nicht viel Zeit zu, folglich muss das, was du zu sagen hast, einfach und verständlich sein. Eine Botschaft ist besser als zwei. Einfache Visualisierungen sind besser als dramatische. Und es gibt einen einfachen Trick. Reime die Texte, wenn du kannst. Reime prägen sich viel leichter ein. Warum wohl behalten Menschen viel besser Gedichte im Gedächtnis als Prosa?

Weil sie sich reimen. Keiner hat das besser ausgedrückt als der Schriftsteller und Dichter Ralph Waldo Emerson: ‚Der Weg zum Herzen führt über das Ohr.'"

„Ist das alles?", fragte B.J. „Nein, du musst außerdem geduldig sein", erwiderte der Geist. „Werbung braucht Zeit, bis sie von den Menschen wahrgenommen wird. Du musst also lange genug mit deiner Botschaft präsent sein, damit sie sich einprägen kann. Wenn dir deine eigene Botschaft schon zum Hals heraushängt, beginnen die Zuhörer wahrscheinlich gerade erst, sie wahrzunehmen. Marlboro und Absolut Vodka beweisen das auf eindrucksvolle Weise. Die einen setzen seit Jahrzehnten Cowboys ein und die anderen machen seit Ewigkeiten die Flasche zum Mittelpunkt jeder Anzeige. Als ich es das letzte Mal überprüft habe, hatte Absolut 700 einprägsame Motive seines klaren, unverschnörkelten Glasgefäßes. Beide Marken dominieren in ihrem jeweiligen Markt. Geduld zahlt sich offensichtlich aus."

B.J. lehnte sich zurück und rekapitulierte, was er soeben erfahren hatte. „Also gut. Wenn ich Werbung beurteile, vermeide ich belanglose Slogans und achte stattdessen auf die Differenzierung meines Produkts. Ich beurteile die Werbung danach, wie gut sie das Differenzierungsmerkmal meines Produkts herausstellt, wie aufrichtig sie ist, ob die Botschaft einfach und verständlich ist und ob sie für meine Zielgruppen interessante Neuigkeiten enthält, die für sie einen echten Nutzen bedeuten. Wenn die Werbung einige oder alle dieser Kriterien erfüllt, ist sie gut. Wenn nicht, ist sie schlecht."

Der Geist lächelte und ergänzte: „Noch ein kleiner Hinweis für die Bewertung einer Werbekampagne, die von einer der weltgrößten Werbeagenturen präsentiert, von einem herausragenden Kreativteam entwickelt, von der gesamten Marketingabteilung bedingungslos unterstützt wird und von der du trotzdem nicht genau weißt, was du davon halten sollst … geh nach Hause und frag deine Frau."

Der Bildschirm verdunkelte sich.

Das nächste Meeting

B.J. berief ein weiteres Meeting ein. Wieder kamen alle mit denselben Flipcharts. Aber dieses Mal fühlte sich B.J. wesentlich sicherer. Couragiert forderte er die Teilnehmer auf: „Tun Sie die Flipcharts weg. Ich möchte Ihnen ein paar Fragen stellen." Damit kam er auf die Kernpunkte zu sprechen, die er von seinem geistförmigen Berater gelernt hatte. Überflüssig zu erwähnen, dass sich am Ende der Besprechung in vielen Gesichtern blankes Staunen widerspiegelte. B.J. erhob sich und wandte sich an alle: „Bei unserem nächsten Termin möchte ich eine Werbekampagne sehen, die die soeben diskutierten Kriterien besser erfüllt als die jetzige." Nachdem er den Raum verlassen hatte, beugte sich der Chef der Werbeagentur zum Marketingchef hinüber und raunte: „Wo hat der das alles gelernt? Ich dachte, er wäre so ein Erbsenzähler." Der Marketingchef, der noch immer wie ein paralysiertes Kaninchen dasaß, murmelte: „Der muss einen Coach haben."

Der weise Geist des Marketing:

Gute Werbung dramatisiert das herausragende Differenzierungsmerkmal des Produkts, denn die Differenzierung liefert die Begründung für eine Kaufentscheidung.

Kapitel

Wie wählt man das geeignete Werbemedium aus?

*(Ein Moment der Befreiung!
Durch United Widgets)*
„So wird Ihre Botschaft in Pissoirs wirken."

Als B.J. eines Tages die Marketingbudgets studierte, stellte er fest, dass das, was eine hohe Gesamtsumme darzustellen schien, eigentlich eine Vielzahl von unterschiedlich hohen Teilsummen war, die verschiedenen Kostenblöcken zugeordnet waren, zum Beispiel Werbung, Direktmarketing, Promotions, PR, Event-Research, PoP-Displays, Verpackung, Produktplatzierung ... Plötzlich erkannte er, dass er eigentlich gar nichts über diese verschiedenen Werbemedien wusste – weder über ihre Stärken noch über ihre Schwächen und wie sie überhaupt zusammenpassten. Wurde für ein Werbemedium vielleicht zu viel ausgegeben und für ein anderes hingegen viel zu wenig? Auf einen Schlag ereilte B.J. die Vision, es würde Geld verschwendet, statt so effektiv wie möglich eingesetzt. Diese Art Visionen machen Finanzexperten im Allgemeinen ziemlich unruhig. Er musste unbedingt mit dem Geist sprechen.

Werbemedien und der weise Geist des Marketing

„Es wird immer schwieriger, die Frage zu beantworten, welche Medienformen am besten sind, weil die Menschen ständig neue Werbemedien erfinden", räumte der Geist ein. „Was meinst du damit?", fragte B.J.

„Nun, früher gab es Print und Aufsteller. Dann kamen Radio, TV und das Internet. Das ist aber nur die Spitze des Eisbergs. Jetzt haben wir außerdem Mülleimer, Parkbänke, Müslischalen, Kleider, Heißluftballons und was weiß ich noch alles."

„Wie findet man heraus, welches Medium am besten geeignet ist?", fragte B.J. beunruhigt. „Zunächst muss man die Stärken und Schwächen der verschiedenen Medien verstehen", erklärte der Geist. „In der Werbung ist eine einfache Messgröße die Zahl der Menschen, die ein Medium mit deiner Botschaft erreichen kann. Das Fernsehen ist ein echtes Massenmedium. Der Rundfunk auch, aber nicht im gleichen Umfang. Direct Mailings haben zwar eine große Reichweite, wenn deine Mailing-Liste aber lang ist, dann kostet das entsprechend. Plakate und Aufsteller haben nur eine lokale Reichweite. Aber das weißt du ja vermutlich alles und hast außerdem Mediaplaner, die dir die Zahlen nennen können." „Du hast das Internet vergessen", unterbrach ihn B.J., „ist das etwa kein brandheißes neues Medium?" „Nein, es ist ein totes neues Medium, das mal brandheiß war", entgegnete der Geist. „Es eignet sich zwar dafür, Kunden Informationen zu geben, aber für Werbung ist es völlig unbrauchbar, weil du das Programm nicht unterbrechen kannst, um deine Botschaft herüberzubringen. Alles, was du tun kannst, ist, den Bildschirm eines Computernutzers mit einer Botschaft zuzukleistern, die niemand haben möchte."

„Gibt es außer nackten Zahlen nicht noch eine bessere Methode, um herauszufinden, wo das Geld am besten untergebracht ist?", fragte B.J.

„Ja, die gibt es", bestätigte der Geist, „aber dafür musst du einige der konventionellen Weisheiten ignorieren."

Worte versus Bilder

„Was ist stärker, das Auge oder das Ohr?", wollte der Geist von B.J. wissen. B.J. überlegte einen kurzen Augenblick und antwortete: „Das Auge."

„Diese Antwort bekomme ich immer", verkündete der Geist. „Das liegt daran, dass du eine vorgefasste Meinung teilst, die erstmalig ungefähr 500 Jahre vor Christus geäußert wurde. Diese Annahme basiert auf den Worten eines Mannes namens Konfuzius: ‚Ein Bild sagt mehr als tausend Worte.' Diese sieben Worte – keine Bilder, wie gesagt, sondern Worte – haben sich über 2500 Jahre erhalten. Und so wie die Dinge in letzter Zeit liegen, sieht es so aus, als ob diese Worte nie in Vergessenheit geraten werden. Welcher Agenturchef, Kreativdirektor oder Art Director hat Konfuzius nicht mindestens einmal in seinem Berufsleben zitiert?"

„Du hast Konfuzius gekannt?", staunte B.J. „Aber selbstverständlich", erwiderte der Geist. „Deshalb kann ich auch sagen, dass er falsch zitiert wird. Tatsächlich hat er Folgendes gesagt: ‚Ein Bild ist so viel wert wie tausend Stücke Gold. Er sprach nicht von Worten, sondern von Gold. Konfuzius war ein echter Prophet, als er die Medien TV und Kinofilme vorhersah, deren Bilder für Millionen von Goldstücken verkauft werden."

„Was willst du denn damit sagen?", fragte B.J.

„Wenn du hunderte von erfolgreichen Marketingprogrammen analysierst, wirst du sehen, dass sie alle verbal sind und nicht ausschließlich visuell. Es sind alles Ideen und keine Bilder."

B.J. wurde unmutig: „Meinetwegen. Aber was soll das – alle Medienformen beinhalten Worte."

Zwei Arten Worte

„Ich komme noch dahin, du musst nur ein wenig Geduld haben", sagte der Geist. „Siehst du, es gibt zwei Arten Worte: gesprochene und gedruckte. Wir verwechseln sie oft, aber sie unterscheiden sich. Das Ohr ist schneller als das Auge. Wiederholte Tests haben gezeigt, dass das menschliche Gehirn in der Lage ist, ein gesprochenes Wort in 140 Millisekunden zu verstehen. Ein gedrucktes Wort wird hingegen in 180 Millisekunden verstanden. Psychologen vermuten, dass die Verzögerung von 40 Millisekunden darauf zurückzuführen ist, dass das Gehirn die visuelle Information in akustische Signale übersetzt, die die Wahrnehmung begreift. Und man hört nicht nur schneller, als man sieht, das Hören hält auch länger an als das Sehen. Eine visuelle Darstellung – ob Bilder oder Worte – verblasst nach einer Sekunde, außer das Gehirn unternimmt etwas, um den Ideenkern der Darstellung abzuspeichern. Gehörtes bleibt dagegen vier- bis fünfmal so lange haften. Das ist der Grund, warum die Gedanken so leicht abschweifen, wenn man gedruckten Text liest. Oft muss man den Text noch einmal lesen, um den Sinn zu erfassen. Da Gehörtes so viel länger haften bleibt, kann man dem gesprochenen Wort leichter folgen.

Eine Information zu hören ist viel effektiver, als sie zu lesen. Zwei Unterschiede gibt es dabei. Erstens behält das Gehirn gesprochene Worte viel länger in Erinnerung und ermöglicht damit, den Gedankenfluss mit größerer Klarheit zu verfolgen. Und zweitens verleiht die Stimme den Worten Emotionalität, etwas, das gedruckter Text nicht leisten kann."

„Willst du damit sagen, dass Medien, die gesprochene Worte beinhalten, besser sind als Werbeformen, die ausschließlich gedruckte Worte wiedergeben?", fragte B.J.

„Ganz genau", erwiderte der Geist. „Die besten Medien sind diejenigen, die mit Akustik arbeiten, so wie Fernsehen, Rundfunk und Handelsmessen. Danach kommen die etwas weniger effektiven Medien, die lediglich das gedruckte Wort wiedergeben, so wie Zeitschriften, Zeitungen und Direct Mailings. Wenn irgend möglich, solltest du akustische Medien auswählen. Dem amerikanischen Unternehmen Motel 6 ist es gelungen, über Rundfunkwerbung eine sehr tragfähige Marke aufzubauen. Dabei ist es ganz ohne Bilder ausgekommen."

PR und Promotion

„Und wie ist PR als Marketinginstrument zu bewerten?", warf B.J. ein.

„PR ist äußerst wichtig, vor allem wenn du sie einsetzt, bevor du mit der Werbung beginnst", antwortete der Geist. „Die Menschen reagieren wesentlich wohlwollender, wenn sie etwas über dich in der Zeitung lesen, als wenn sie deine Werbespots sehen. Dafür gibt es einen ganz einfachen Grund: Sie wollen erfahren, was wirklich geschieht, und nicht von einem Werbespruch für dumm verkauft werden. Solche Berichte verleihen deinem Produkt außerdem eine hohe Glaubwürdigkeit."

„Wie sieht es mit Promotions aus?", fragte B.J.

„Promotion-Aktionen können für die PR nützlich sein, wenn sie entsprechend spektakulär sind, zum Beispiel eine Elefantenparade durch das Stadtzentrum anlässlich einer Produkteinführung. Alle anderen Promotion-Aktionen sind dagegen eine Art Sondergeschäft. Sie sind gut, um auf dein Produkt aufmerksam zu machen und Verbraucher dazu zu bringen, dein Produkt auszuprobieren. Weniger nützlich sind Promotions, die reine Rabattaktionen sind. In jedem Fall birgt eine inflationäre Zahl an Promotions die Gefahr, dass deine Kunden darauf trainiert werden, ständig nach Schnäppchen Ausschau zu halten. Sie sind daher das beste Mittel, um Kunden aus den falschen Gründen für dein Produkt zu interessieren."

Der Geist grinste und antwortete anerkennend: „Für einen

Integriertes Marketing

„Ich fange an, die Unterschiede zwischen den einzelnen Werbemedien zu verstehen", sinnierte B.J., „aber wie füge ich all das zusammen?"

„Das nennt man integriertes Marketing und das ist der ‚Heilige Gral' der Marketingexperten. Es bedeutet, dass du die einzigartige, differenzierende Botschaft über alle wichtigen Kundenschnittstellen im Medienmix verbreitest. Wenn du die Botschaft einmal definiert hast, nutzt du die spezifischen Stärken eines jeden Mediums, um sie deinen Zielgruppen nahe zu bringen. PR kann die Idee in die Öffentlichkeit tragen, ihr zu Glaubwürdigkeit verhelfen und für Aufmerksamkeit sorgen. Werbung schafft Aufmerksamkeit, das Internet bietet Information, Handelsmessen können das Interesse der Branchenteilnehmer und Vertriebspartner wecken, Direct Mailings kann deine Idee zielgerichtet deinen besten oder größten Kunden vorstellen und Promotions können Menschen dazu bringen, dein Produkt auszuprobieren."

„Das klingt ziemlich einfach", sagte B.J.

„Das ist es auch – wenn du einen differenzierenden Nutzen bieten kannst. Wenn nicht, ist es ein einziges Durcheinander. Deswegen ist integriertes Marketing so schwer fassbar."

B.J. ließ sich die ganzen Informationen noch einmal durch den Kopf gehen und sagte dann: „Als Erstes müssen wir einen differenzierenden Nutzen definieren und in eine Botschaft verpacken Dann verbreiten wir diese, wenn irgend möglich, über Public Relations. Danach konzentrieren wir uns auf die Verbreitung der Botschaft über akustische Medien. Und schließlich sollten wir darauf achten, dass wir es mit den Promotion-Aktionen nicht übertreiben."

Der Geist grinste und antwortete anerkennend: „Für einen Erbsenzähler lernst du ganz schön schnell."

Darauf verschwand er vom Bildschirm.

Am nächsten Tag

B.J. berief ein Meeting mit seinen Marketingexperten ein und erklärte ihnen die neuen Richtlinien für die Auswahl der Medien, über die die Botschaft von United Widgets verbreitet werden sollte. Am Ende der Besprechung fragte er: „Haben Sie alle gehört, was ich gerade gesagt habe?"

Alle nickten. B.J. lächelte und fuhr fort: „Nun, ich bin davon überzeugt, dass Sie die Botschaft verstanden haben."

Nachdem er den Raum verlassen hatte, sagte der Marketingchef: „Ich glaube, irgendjemand anders ist in seinen Körper geschlüpft und hat die Kontrolle übernommen."

Der weise Geist des Marketing:

Das Gedächtnis wird über das Ohr gesteuert. Akustische Medien sind daher viel wirkungsvoller als nicht-akustische Medien.

Kapitel

Wie wichtig sind Logos?

„Fühlen Sie nicht auch die enorme Power,
die diese dynamischen Winkel ausstrahlen?"

B.J. erhielt einen Anruf von seinem Marketingvorstand. Dieser war im Gespräch mit einer großen Design-Agentur, die die Corporate Identity des Unternehmens überarbeiten sollte. Der Marketingvorstand hatte das Gefühl, viele der Produktlogos seien nicht mehr zeitgemäß und müssten verbessert werden. Selbst der Unternehmensname United Widgets konnte seiner Auffassung nach ein Redesign vertragen. Er wandte sich nun an B.J. mit dem Anliegen, dieser möge an den Sitzungen, in denen erste Gedanken und Ansätze diskutiert werden sollten, teilnehmen.

Das Meeting hatte noch keine Viertelstunde gedauert, da hatte B.J. bereits Schwierigkeiten, der Präsentation zu folgen. Da ging es um Konzepte wie *Bildzeichen, Alphazeichen und Siegel*. Farben wurden plötzlich Emotionen zugeordnet, Formen wurden dynamisch, elegant oder sinnlich. Dann stand ein langhaariger Kreativer auf und gab Folgendes von sich: „Die starken, dramatischen Aspekte helfen auch, den Techno-Look zu verstärken. Die graphische Anmutung des Designs hat den Feel von Innovation und Hi-Tech."

Alles, was B.J. fühlte, war totale Verwirrung. Und als jemand dann noch die siebenstellige Summe nannte, die das Ganze kosten sollte, verspürte B.J. den dringenden Wunsch, in sein Büro zurückzukehren und sich Rat zu holen. „Lassen Sie uns die Sitzung heute Nachmittag fortsetzen", sagte er schließlich.

Logos und der weise Geist des Marketing

„Logos haben uns über tausende von Jahren hindurch begleitet", begann der Geist. „So trägt ein babylonisches Tontablett aus der Zeit um 3000 vor Christus Inschriften für einen Händler von Heiltinkturen und einen Schuhmacher. Die römischen Legionen hatten Logos. Im Mittelalter hatte jeder Duodezfürst mit einer Hand voll Ritter ein eigenes Logo auf dem Schild. Überall gab es Helmverzierungen oder Wappen. Aber keines war von anhaltender Bedeutung. Was sich erhalten hat, sind die Namen der Menschen beziehungsweise der Orte, an denen große Schlachten geschlagen wurden. Was sagt dir das also?"

B.J. dachte kurz nach: „Nicht das Symbol ist wichtig, sondern der Name, für den das Symbol steht."

Der Geist lächelte: „Absolut korrekt. Das visuelle Symbol beziehungsweise die Handelsmarke wird allgemein stark überschätzt. Die Markenstärke liegt im Namen, nicht im Symbol." „Aber was ist mit dem berühmten ‚Swoosh' von Nike, das man bei allen weltbekannten Athleten sieht?", warf B.J. ein.

„Es ist der Name Nike, der dem Swoosh seine Bedeutung verleiht", antwortete der Geist. „Nike hat Unsummen dafür ausgegeben, um das Symbol mit seinem Namen zu verknüpfen. So können sie es auf Bekleidungsgegenstände aufnähen, ohne ihren Namen zu nennen. Das Logo ist aber letztlich nichts anderes als ein Platzhalter für den Namen Nike." B.J. war noch nicht überzeugt: „Übertreibst du nicht ein wenig?" „Also gut", sagte der Geist, „ich stelle dir eine kleine Rätselfrage. Wie sieht das Starbucks-Logo aus?" „Es ist ein grüner Kreis mit dem Schriftzug ‚Starbucks Coffee'", antwortete B.J. stolz.

„Richtig", sagte der Geist, „aber wie sieht das Symbol in der Mitte des Kreises aus?" „Keine Ahnung", erwiderte B.J., „ich habe nie darauf geachtet."

„Das ist es, was ich meine", grinste der Geist. „Du hast den Namen gesehen, aber nicht die Sirene." „Was ist eine Sirene?", fragte B.J.

„Sie stammt aus der griechischen Mythologie und ist eine Seejungfrau, die die Seeleute verwirrte und dazu brachte, mit ihren Schiffen an den Felsen, die die Inseln umgaben, zu zerschellen. Ganz nebenbei, das ist ein reiner Mythos. Die Griechen waren wirklich gut darin, solche Legenden zu erfinden. Glücklicherweise erkennt beziehungsweise achtet niemand auf dieses Symbol. Wenn es beachtet würde, würde es sagen: ‚Komm zu Starbucks und lauf in dein Verderben.‘"

„Nun, das Symbol, um das sich niemand schert, hat den Erfolg von Starbucks sicher nicht beeinträchtigt", bemerkte B.J.

„Weil sie sich nicht darauf beschränkt haben, einfach ein Logo zu entwerfen. Starbucks war die erste amerikanische Marke für Kaffeespezialitäten. Sie haben darüber hinaus eine einladende Atmosphäre geschaffen, indem sie aus den Kaffeebars gemütliche Treffpunkte gemacht haben. Starbucks ist nicht nur ein Produkt, sondern steht auch für einen ganz bestimmten Lifestyle, und das ist ihnen ohne viel Werbung gelungen. Warum sonst sind 15 Millionen Kunden pro Woche bereit, zwei Dollar oder mehr für eine Tasse Kaffee zu bezahlen?"

„Welches ist das schlechteste Logo, das du je gesehen hast?", fragte B.J.

„Das ist einfach", antwortete der Geist. „Eine Design-Agentur hat sich über Xerox hergemacht und aus einem wirklich starken Logo ein Logo gebastelt, bei dem das X optisch geradezu zerfiel. Das war eine völlig unsinnige Visualisierung der Digitalisierungsbemühungen von Xerox. Eigentlich war das allein schon schlimm genug, richtig peinlich wurde es aber, als das Unternehmen selbst in Schwierigkeiten geriet. Xerox hatte also ein Logo geschaffen, das seine Kunden optisch darauf aufmerksam machte, dass das Unternehmen auseinanderbrach." „Das ist allerdings peinlich", kommentierte B.J. „Und was passierte dann?" „Nun", fuhr der Geist fort, „die neue Vorstandsvorsitzende erkannte das Problem und setzte wieder das alte Logo ein."

Marktuntersuchungen über Symbole

„Heißt das, die Millionen von Dollar, die für die Entwicklung solch verrückter Symbole ausgegeben werden, sind aus dem Fenster geworfen?", wollte B.J. wissen. „Für den größten Teil trifft das wahrscheinlich zu", bestätigte der Geist. „Ich habe irgendwann einmal Untersuchungsergebnisse über den Vergleich von Namen in Kombination mit Logos und für sich allein stehenden Logos gelesen. Du wärst bass erstaunt, wie gering der Wiedererkennungswert von Logos ohne den dazugehörigen Namen ist. Nur eine Hand voll Logos, für die Unsummen investiert wurden – so wie das GE-Monogramm, das Auge von CBS oder der Mercedes-Stern – haben es geschafft. Und das hat Jahre gedauert. Dein brandneues Logo hat ohne den Unternehmensnamen mit Sicherheit keine Chance auf Wiedererkennung."
„Aber ich sehe eine ganze Reihe erfolgreicher Logos, so wie Mobil oder Hertz oder IBM", unterbrach B.J.

„Diese Logos bestehen aber aus dem Unternehmensnamen und stellen kein abstraktes Symbol dar", erklärte der Geist. „Das Mobil-Logo trägt ein rotes O. Die Logos von Hertz und Federal Express bestehen aus einer einzigartigen Typografie. Das Symbol von American Airlines besteht einfach aus AA mit einem Paar Flügel in der Mitte. Man könnte das Logo-Design folgendermaßen auf den Punkt bringen: ‚Es ist der Name, Dummkopf'." Der Geist hatte sich in Fahrt geredet: „Es gibt aber auch noch andere Überlegungen bei der Entwicklung eines Logos. Zum einen die Form; sie sollte rechteckig sein. Ein Rechteck kann am besten von beiden Augen erkannt werden. Wenn das Logo zu vertikal oder zu horizontal ausgerichtet ist, ist es nicht lesbar. Der größte Fehler besteht darin, ein Logo zu entwickeln, das schwer zu lesen ist."

„Wie kann das passieren?", fragte B.J. „Nun, man möchte es nicht glauben, aber einige Firmen haben Logos, die größer sind als ihr Firmenname. Andere überlassen es den Designern, eine

Typographie auszuwählen, die ihrer Meinung nach die Markeneigenschaften widerspiegeln, statt darauf zu achten, dass das Logo auf einen Blick erkennbar ist. Andere greifen zu einer schwer entzifferbaren Typographie. Dabei ist die Lesbarkeit der wichtigste Aspekt bei der Entwicklung eines Logos." „Du meinst also, dass ausgefallene Schriftzüge nie auf Kosten der Lesbarkeit gehen dürfen. Egal wie stylish das Design ist, wenn es schlecht zu lesen ist, dann sollte man darauf verzichten."

„Ganz genau", bekräftigte der Geist.

Formgebung und der weise Geist des Marketing

„Wie sieht es mit einzigartiger Formgebung aus? Kann sie Teil einer Markenidentität sein?", fragte B.J. „Selbstverständlich", antwortete der Geist. „Denk zum Beispiel an Absolut Vodka. Die einzigartige Flaschenform ist gleichzeitig das Logo, das über die Herausstellung der Flaschenform in der Werbung ständig betont wird." „Hast du noch ein anderes Beispiel dafür?", bohrte B.J. nach. „Die Autos der Marke Jaguar haben ebenfalls eine einzigartige Form, die gleichzeitig als eine Art Logo dient, das jeder sofort wiedererkennt. Jaguar gehört inzwischen zu Ford und ich sehe erste Anzeichen dafür, dass die Formgebung verändert wird. Das könnte ein folgenschwerer Fehler sein. Das Gleiche gilt auch für Volvos einzigartigen panzerähnlichen Stil, der für Volvos Sicherheitskonzept steht. Wenn Volvo diese Form verändert, begibt sich das Unternehmen auf die falsche Spur."

Farben und der weise Geist des Marketing

B.J. hatte noch eine weitere Frage: „Wie ist das mit der Auswahl der Farben? Die Designer haben sich lang und breit darüber ausgelassen." „Da haben sie Recht", erwiderte der Geist. „Warme Farben wie Rot, Orange und Gelb leuchten einem entgegen und sind aufmerksamkeitsstark. Das sind hoch energetische Farben, die sich gut für den Einzelhandel eignen. Blautöne sind kühl und konservativ. Sie springen nicht so stark ins Auge, sind eher gedämpft und zurückgenommen. Schwarz und Gold werden als edel eingestuft, leuchtende Farben dagegen als fröhlich und verspielt." „Kann man eine Farbe sozusagen besetzen, so dass sie Teil der Unternehmensidentität wird?", fragte B.J. „Oh ja", antwortete der Geist, „Yellow Strom ist gelb, Telekom ist magenta, Fuji ist grün, E.ON ist rot, UPS ist braun. Farben können ein äußerst wirkungsvolles Instrument zur Markenidentifikation sein. Du musst nur darauf achten, dass du nicht die gleiche Farbe wie dein Wettbewerber wählst."

Abkürzungen und der weise Geist des Marketing

„Was ist mit Logos, die keine ganzen Namen sind?", wollte B.J. wissen. „Initialen, zum Beispiel. Ist das eine gute Lösung?" „Wie ich dir schon erklärt habe, als wir über Markennamen gesprochen haben, sollte man unter allen Umständen bedeutungslose Initialen vermeiden. Initialen sind nur dann als Logo geeignet, wenn sie Kurznamen bekannter Unternehmen sind. General Electric ist ein langer Name, GE ist also ein großartiges Logo, da die Menschen diese Kurzform sowieso gebrauchen, wenn sie von General Electric sprechen. Dasselbe gilt für FedEx statt Federal Express oder IBM statt International Business Machines. Oder kannst du dir vielleicht vorstellen, jedes Mal Minnesota Mining and Manufacturing zu sagen? Kein Wunder, dass daraus 3M Company wurde." „Wenn mein Unternehmen also einen langen, umständlichen Namen hat, kann es durchaus sinnvoll sein, aus der Abkürzung ein Logo zu machen?", fasste B.J. zusammen. „Ganz richtig", bestätigte der Geist, „aber vergiss nicht, dass die Marktteilnehmer die Abkürzung bestimmen. Das Logo sollte in diesem Fall also den Namen darstellen, den die Menschen deinem Unternehmen geben. Versuch nicht, eine selbst entwickelte Kurzform durchzusetzen. Wenn die Menschen deinen vollen Unternehmensnamen benutzen, dann ist das dein Name und folglich auch dein Logo. Metropolitan Life Insurance kann MetLife sein, aber New York Life wird immer New York Life bleiben."

B.J. ließ das eine Zeitlang auf sich wirken und sagte dann nachdenklich: „Bei der Entwicklung eines Logos dreht sich also alles um den Namen und darum, dass er lesbar ist. Die Farbe und die Typographie sind viel wichtiger als irgendein bedeutungsloses Symbol, es sei denn, das Symbol stellt die Kurzform meines Unternehmensnamens dar." „Das ist eigentlich alles, was es dabei zu beachten gibt", kommentierte der Geist. „Siehst du, wie viel Geld ich dir gerade erspart habe? Allerdings war das eine leichte Frage, die man sich mit gesundem Menschenverstand auch hätte beantworten können. Dies war nun die neunte Frage. Eine hast du noch offen. Denk gut darüber nach, bevor du sie stellst."

Damit verdunkelte sich der Bildschirm

B.J. kehrt in das Meeting zurück

B.J. rief alle Teilnehmer zusammen, um das unterbrochene Meeting fortzusetzen. Er wollte einige der Entwürfe noch einmal sehen und die Argumente dafür hören. Als das Werbe-Kauderwelsch erneut losging, unterbrach er sofort: „Bitte verzichten Sie auf Ihren Insider-Jargon und sagen Sie, was Sie zu sagen haben, in einfachen, verständlichen Worten." B.J. kritisierte einige Entwürfe als nicht lesbar genug. Er eliminierte fast alle inhaltslosen Symbole und regte an, den so gewonnenen Platz dafür zu nutzen, die Namen größer herauszustellen. Und – dieser Teil des Meetings verschaffte ihm die größte Genugtuung – er schlug vor, die Kosten für die Logo-Entwicklung drastisch zu senken, da die Dinge ja nun wesentlich einfacher würden. Im

Anschluss verließ er das Meeting mit einem erheblich besseren Gefühl, als er es zu Beginn des Tages gehabt hatte. Die Jungs, die er im Konferenzzimmer zurückließ, konnten dieses Gefühl ganz und gar nicht teilen.

Der weise Geist des Marketing:

Der Name hat eine viel größere Bedeutung als ein Symbol. Ein Logo sollte daher immer den Namen in den Mittelpunkt stellen.

Kapitel

Welche Fehler werden am häufigsten gemacht?

„Machen Sie sich keine Sorgen. Unsere Wettbewerber sind schwach, inkompetent und machen viele Fehler."

B .J. sinnierte über eine letzte Frage, die eine Reihe von Antworten auf Dinge beinhalten würde, über die er noch nicht nachgedacht hatte – die umfassendste Antwort, die er auf eine einzige Frage erhalten konnte. Dann kam ihm die Idee. Warum sollte er den Geist nicht dazu bringen, über die Fehler zu sprechen, die am häufigsten begangen wurden? Damit stellte er seine zehnte und letzte Frage.

Fehler und der weise Geist des Marketing

„Du bist ganz schön schlau", sagte der Geist anerkennend. „Indem du mir eine offene Frage stellst, hoffst du, möglichst viel aus mir herauszukriegen. Gut, wir haben zwar schon über viele Fehler gesprochen, aber ich werde für dich die *sieben Todsünden des Marketing* zusammenfassen. Und ich gebe dir eine Warnung mit auf den Weg. Ich prophezeie dir, dass du in den nächsten Jahren eine dieser Sünden begehen wirst. Die meisten erliegen irgendwann der Versuchung. Und sobald du das machst, werden wir Geister alle unsere Aktien von United Widgets abstoßen."
„Ich werde versuchen, nicht unter die Sünder zu gehen", bemerkte B.J. trocken. „Also schieß los. Ich mache mir ein paar Notizen." Der Geist begann mit seiner Aufzählung.

1. Arroganz

„Arroganz ist die erste Sünde. Und die entsteht folgendermaßen: Erfolg führt oft zu Arroganz und Arroganz zu Misserfolg." „Wie das?", fragte B.J.

„Das Ego ist der größte Feind eines erfolgreichen Marketing. Objektivität ist hier gefragt. Wenn Menschen erfolgreich werden, neigen sie dazu, ihre Objektivität einzubüßen. Sie halten ihr eigenes Urteil für das, was der Markt will. Brillante Marketingexperten verfügen über die Fähigkeit, sich in ihre potenziellen Kunden hineinzuversetzen. Sie versuchen nicht, ihnen ihre Sichtweise überzustülpen. Zahlreiche Untersuchungen haben aber ergeben, dass Menschen mit anhaltendem Erfolg immer weniger in der Lage sind, optimale Entscheidungen zu treffen. Denk an Digital Equipment Corporation, das Unternehmen, das den Minicomputer einführte. Von null an wurde DEC ein 14-Milliarden-Dollar-Unternehmen. Kenneth Olsen war der Gründer von DEC. Sein Erfolg führte dazu, dass er nur noch seine eigene Sicht der Dinge wahrnahm und erst den PCs, dann offenen Systemen und schließlich dem ‚reduced instruction set computing (RISC)' jede Marktchance absprach. In anderen Worten: Ken Olsen ignorierte die drei wichtigsten Entwicklungen in der Computerbranche. Heute gibt es DEC nicht mehr."

„Welches ist die zweite Sünde?", fragte B.J.

2. Gier

„Dies ist ein Thema, über das wir bereits gesprochen haben", sagte der Geist. *„Gier* ist die zweite Sünde. Statt das Unternehmen weiterzuentwickeln, konzentriert sich die oberste Führungsriege auf die Entwicklung des Aktienkurses. Das führt zu Markenausdehnungen und der damit einhergehenden Verwässerung der Markenidentität. Enron ist ein klassisches Beispiel für ein Unternehmen, das von einem Energiekonzern zu einem Handelsunternehmen wurde, nur um seinen Aktienkurs immer weiter steigern zu können. WorldCom und sein CEO Bernie Ebbers ist auch bereits den Geiern zum Opfer gefallen. Vergleich ihn nur mal mit Dave Packard, dem Gründer von Hewlett Packard. Mr. Packard hat sein Leben lang in demselben kleinen Haus gelebt, dass er 1957 für sich und seine Frau gebaut hatte. In seinem Testament vermachte er karitativen Organisationen 5,6 Milliarden Dollar. Mr. Ebbers besitzt 460.000 Hektar amerikanisches Waldland und eine 60-Millionen-Dollar-Ranch in British Colombia. Er hat 366 Millionen Dollar Schulden und wird den größten Teil seines Vermögens seinen Gläubigern hinterlassen und keinen karitativen Organisationen."

„Können die Exzesse einer einzigen Person ein Unternehmen zu Fall bringen?", fragte B.J. „Normalerweise nicht", antwortete der Geist, „aber Gier ist wie ein Virus, das alle Führungsebenen infiziert. Alle bekommen mit, wie viele Millionen die Top-Manager kassieren, und wollen dementsprechend auch das große Geld verdienen. Dann dauert es nicht lange und die Manager beginnen Entscheidungen zu treffen, die nicht unbedingt gut für den Gewinn des Unternehmens sind. Wenn wir ein Board of Directors sehen, das den Vorständen unangemessen hohe Vergütungen bewilligt, stoßen wir die Aktien dieses Unternehmens schleunigst wieder ab."

„Ich werde mich bemühen, nicht habgierig zu werden", bemerkte B.J. „Welches ist die nächste Sünde?"

3. Ignoranz

Ignoranz ist die nächste Todsünde. Die meisten Unternehmen kommen deswegen ins Schleudern, weil sie einfach nicht erkennen, dass Strategie bedeutet, um die Wahrnehmung in den Köpfen der Verbraucher zu kämpfen. Es geht nicht um ein besseres Produkt, sondern um eine bessere Meinung von ihrem Produkt. AT&T und Xerox haben Milliardenverluste bei dem Versuch erlitten, den Markt davon zu überzeugen, dass sie eigentlich Computerunternehmen sind. Aus diesem Grund habe ich dir gesagt, dass deine Marktforschung die Wahrnehmung der Verbraucher erkunden muss und dass dein Unternehmen dieser Wahrnehmung entsprechen sollte."

„Wie lässt sich Ignoranz vermeiden?", wollte B.J. wissen. „Nun, man untersucht die Funktionsweise der menschlichen Wahrnehmung. Und da darf man niemals stehen bleiben. Mein bester Schüler war John Schnatter, der Gründer von Papa John's Pizza. Er durfte auch zehn Fragen stellen, hätte aber gut und gerne hundert gestellt. Er liest jedes wichtige Wirtschaftsbuch, ist ein sehr guter Manager und baut ein großartiges Unternehmen auf. Und er ist stets davon überzeugt, dass er noch besser werden kann." „Ich glaube, ich habe verstanden, was du sagen willst", stimmte B.J. zu. „Die nächste Sünde?"

4. Unrealistische Träume

„*Unrealistische Träume* sind eine weitere Todsünde. Das geschieht, wenn Unternehmen ihre Pläne auf Luftschlössern statt auf realen Fakten aufbauen. Die meisten erfolgreichen Unternehmen konzentrieren sich auf harte Tatsachen und stellen keine so genannten ‚Ziele' auf. Du musst nicht fragen, was du erreichen möchtest, sondern was du erreichen kannst. Das eigene Marktpotenzial zu überschätzen ist genauso gefährlich, wie es zu unterschätzen. Ein Senkrechtstarter namens Roy Ash zog einst von Systems Canada, einem Hersteller von Navigationssystemen für die Luftfahrt, aus, um Adressograph zu retten, ein ehemals großes, erfolgreiches Unternehmen im Kuvert-Etikettier-Geschäft. Seine Strategie sah vor, in das aufstrebende Geschäftsfeld Büroautomatisierung vorzudringen. Zunächst hatte er mit der Wahrnehmung der Verbraucher von seinem Unternehmen zu kämpfen, das mit einem völlig altmodischen Namen gegen etablierte Hi-Tech-Namen antreten wollte. Dann musste er sich mit Konkurrenten wie IBM, DEC, Xerox und anderen auseinander setzen. Das Ende war der Konkurs – ein abschreckendes Beispiel für unrealistische Träume." „Das hätte selbst ich als hoffnungsloses Unterfangen erkannt", kommentierte B.J. „Wie lautet die fünfte Sünde?"

5. Fokusverlust

„*Fokusverlust* ist eine sehr weit verbreitete Sünde. Sie hängt eng mit wachsendem Erfolg zusammen. Statt ‚bei ihrem Leisten' zu bleiben, tendieren Unternehmenslenker dazu, das Interesse an ihrem Geschäft zu verlieren und nach anderen Aktivitäten zu schielen. Niemand hat das deutlicher gemacht als der berühmte Lee Iacocca von Chrysler. Zu Beginn seiner Rettungsbemühungen des Unternehmens haben wir eng zusammengearbeitet. Als er das Management restrukturierte, strikte Finanzkontrollen einführte und überprüfte, die Qualitätskontrolle verbesserte und durch Massenentlassungen die Kosten drastisch senkte, war er äußerst fokussiert. Selbst in den TV-Werbespots erschien sein Gesicht mit der großartigen Zeile: ‚Wenn Sie ein besseres Auto finden, dann kaufen Sie es'. Und er schrieb einen Bestseller. Plötzlich war er berühmt und in aller Munde und das gab seinem Ego einen Kick. Er übernahm die Schirmherrschaft für die Renovierung der Freiheitsstatue, dann wurde er Mitglied eines Kongressausschusses zur Reduzierung des Staatshaushalts. Dann schrieb er ein zweites Buch, kaufte sich eine Villa in Italien und begann, seinen eigenen Wein und sein eigenes Olivenöl zu produzieren. Selbst mit Maserati ging er ein Joint Venture ein, das allerdings ein Misserfolg wurde. Wir Geister wussten, dass man Iacocca zwar aus Italien herauslösen konnte – aber ob man Italien aus Iacocca herausbringen würde? Überflüssig zu erwähnen, dass Chrysler ins Schleudern geriet und inzwischen von einer großen deutschen Automarke geschluckt wurde." „Gib mir doch mal ein Beispiel von jemandem, der den Fokus nicht verloren hat", bat B.J. „Vielleicht überrascht dich das", sagte der Geist. „Aber die Person, die alle anderen in den Schatten stellt, was die Fokussierung betrifft, ist Martha Stewart[1], die Vorstandsvorsitzende des Unternehmens Martha Stewart Living

---

[1] *Die* amerikanische Marke für alle Produkte rund um Haus und Garten, benannt nach der gleichnamigen Gründerin und Inhaberin (A.d.Ü.).

Omnimedia." „Du machst wohl Witze", protestierte B.J. überrascht, „ich habe sie einfach immer nur für die Queen der Tischdekoration gehalten." „Dann hast du dir ganz offensichtlich ihr Imperium nicht richtig angesehen, das von Büchern, Magazinen über TV-Shows, Radioprogramme und Martha-Stewart-Markenartikel reicht, die alle zusammen satte 250.000.000 Dollar im Jahr generieren. Diese Frau arbeitet zwanzig Stunden am Tag und sieben Tage die Woche und schafft eine personifizierte, lebendige Marke." „Hast du sie gecoacht?", fragte B.J. „Ich habe es versucht, aber sie war derartig beleidigt, als ich ihr sagte, sie benötige meinen Rat, dass sie mich buchstäblich aus ihrem Büro geworfen hat." „Das ist nicht wahr", staunte B.J. „Wir Geister schwindeln nie. Sie warf mir ein paar unangenehme Dinge an den Kopf, nahm den PC und warf ihn aus dem Fenster. Das ist mir noch nie passiert." „Was hast du dann gemacht?", fragte B.J. neugierig. „Na, was glaubst du? Wir haben die Aktien ihres Unternehmens gekauft, als sie an die Börse ging und sich dort sehr erfolgreich behauptet hat." „Und haltet ihr die Aktien immer noch?", hakte B.J nach. „Nein. Unser Problem war, dass eine Lady wie Betty Crocker2 fiktiv und daher zeitlos ist. Martha ist dagegen sehr real, also wird sie älter und irgendwann nicht mehr da sein. Das ist ein Problem." „Ein harter Brocken, diese Lady", kommentierte B.J. „O.k. Was kommt als Nächstes?"

6. Manipulation

„Manipulation ist nicht wirklich eine Todsünde, aber sie kann große Probleme verursachen", antwortete der Geist. „Wie ich dir bei der Beantwortung einer der vorhergehenden Fragen schon erklärt habe, ist der Weg ins Chaos mit Verbesserungen gepflastert. Jeder Marketingexperte aus Fleisch und Blut will am Anfang dem Unternehmen seinen Stempel aufdrücken. Dann basteln sie am Produkt herum, experimentieren mit Markenausdehnungen, verlegen sich auf unternehmensferne Geschäftsfelder und brin-

---

² Betty Crocker ist eine berühmte amerikanische Marke im Bereich Lebensmittel und Kochrezepte, ähnlich wie „Uncle Ben's Reis". Im Gegensatz zu Martha Stewart ist Betty Crocker eine fiktive Person, die die klassische Hausfrau der amerikanischen Mittelklasse repräsentiert und im Laufe der Jahrzehnte optisch mehrmals modernisiert wurde (A.d.Ü).

gen alles durcheinander. McDonald's bietet ein abschreckendes Beispiel für Franchise-Manipulation, das in einer Ansammlung von 44 neuen Menü-Bestandteilen resultiert, die per Rotation durch ein sowieso schon überladenes Menü-Angebot gewechselt werden. Das Ergebnis sind Irritation und Beschwerden über endlose Schlangen an der Kasse. Der CEO Jack Greenberg täte gut daran, sich auf das Wesentliche zu besinnen, oder er wird selber gegrillt. Er ist mit anhaltend enttäuschenden Gewinnberichten konfrontiert." „Tja, es ist immer einfacher, die Fehler der anderen zu sehen, während man sich vermutlich schwer tut, die eigenen Fehler so deutlich zu erkennen", gab B.J. zu.

7. Stolz

Der Geist lächelte und sagte: „Das siehst du ganz richtig und daher ist die siebte Todsünde auch der *Stolz*. Das ist dann der Fall, wenn du davon überzeugt bist, dass du einfach Recht haben musst, weil dein Unternehmen im Markt so erfolgreich ist. Dann neigst du dazu, deine Wettbewerber zu unterschätzen, eben weil du größer und reicher bist und das Gefühl hast, mehr zu wissen. Dabei fehlt es dir an der nötigen Demut, denn du glaubst, dass nur die anderen Fehler machen und dir so etwas nicht passieren kann. Der bescheidenste und erfolgreichste CEO, den ich je beraten habe, war Herb Kelleher von Southwest Airlines. In all den Jahren hat er immer darauf geachtet, nie seine Wettbewerber zu unterschätzen. Er blieb konsequent bei seinem Konzept, nur Kurzstreckenflüge mit Direktverbindung anzubieten. Dabei setzte er nur einen kleinen Flugzeugtyp ein, verlagerte sich auf kleinere Flughäfen und genoss stets die Achtung seiner Konkurrenten. Southwest ist seit Jahren die erfolgreichste Fluggesellschaft und Herb Kelleher ein CEO ganz nach unserem Geschmack."

B.J. starrte den Geist an und sagte: „Das waren die sieben Todsünden und meine zehnte Frage. Ich nehme an, du und dein

PC macht euch jetzt auf den Weg zu einem anderen Unternehmen. Wirst du jemals zurückkehren und die Entwicklung überprüfen?" Der Geist schüttelte den Kopf: „Nein, du musst alleine klarkommen. Wenn du meine Ratschläge befolgst, wirst du und auch dein Unternehmen großen Erfolg haben. Du wirst sicher Fehler machen, aber nimm sie als Lernprozess. Der amerikanische Bischof W.C. Magee hat das einmal ganz richtig ausgedrückt: ,Jemand, der keine Fehler macht, macht im Allgemeinen überhaupt nichts.'"

Damit verdunkelte sich die Bildfläche und der PC verschwand in einer Rauchwolke.

Der weise Geist des Marketing:
Das Ego ist der größte Feind eines erfolgreichen Marketing.

Nachwort

Nachdem der Geist verschwunden war, machte B.J. sich daran, das anzuwenden, was er gelernt hatte. Seine Führungskräfte und Mitarbeiter folgten ihm und das Unternehmen wurde immer erfolgreicher. Die verschiedenen Markenprodukte von United Widgets übertrafen die Konkurrenzmarken und die Unternehmensgewinne stiegen, so wie auch der Aktienkurs.

Es dauerte nicht lange und B.J. wurde von der Wirtschaftspresse als einer der kommenden Top-CEOs gefeiert und als nächster Jack Welch gehandelt, dessen Stern nach seiner Pensionierung zu verblassen begann. Die Fülle der Presseberichte über seine Person begann B.J. ziemlich zu beeindrucken. Er kam in die Versuchung zu glauben, es gäbe kein Problem, das er nicht lösen könne. Er begann, sich für unverwundbar zu halten, und war inzwischen von Leuten umgeben, die ihm nach dem Mund redeten und sich in Lobhudeleien ergingen. Niemand vertrat je eine konträre Meinung, insbesondere nicht die Unternehmensberater, die um das Unternehmen schwirrten wie Bienen um den Honig. Ihm wurden Aufsichtsratsmandate für andere Unternehmen angetragen, er begann Reden zu halten und Interviews zu seiner Managementphilosophie zu geben. Alle diese Aktivitäten zwangen B.J. dazu, immer weniger Zeit in Strategiemeetings zu investieren und immer mehr Entscheidungen an andere zu delegieren.

Vor dem Hintergrund der hohen Börsenbewertung seines Unternehmens begann er, nach anderen Unternehmen Ausschau zu halten, mit denen er fusionieren beziehungsweise die er übernehmen konnte. Er fand, es gäbe noch andere Märkte, die erobert werden wollten. Diese Suche führte schließlich zu einer Akquisition, die United Widgets auf einen Schlag doppelt so groß machte und ihm viele neue Geschäftsfelder eröffnete, in denen das Unternehmen die ‚Synergien nutzen konnte, um mehr Produkte zu verkaufen'.

Kurz nach Bekanntgabe der Firmenübernahme in der Presse verkaufte der Geister-Investmentfonds alle Aktien von United Widgets.

Stichwortverzeichnis